Money錢

Money錢

破局致富

—— Mike 著 ——

從認知覺醒到財務自由，
看懂資本遊戲規則，做出改變選擇

目錄

自序

普通人逆轉人生的起點　　　　　　　　　　006

前言

世界上為什麼有窮人和富人的差別　　　　　010

Part 1　文化與環境 —— 影響財富的隱形因素

第1章　文化對財富的影響 為何窮人難以翻身？

- 擺脫低薪、勇敢創業 26歲賺到第1桶金　　028
- 為何寒門難出貴子？貧窮世襲思維陷阱　　　032
- 社會階級固化 財富樓中樓越來越難　　　　　036
- 為什麼中國有錢人 決定移居美國？　　　　　038
- 教育觀、價值觀 對人生有重大影響　　　　　046
- 窮與富核心差異「認知」對財富的影響　　　052
- 為什麼會窮？窮人個性的共通性　　　　　　062

第 2 章　讓生活重啟 為什麼我選擇奔向美國？

- 出國念頭從小扎根 移民申請一次就過　　　070
- 移民美國 我失去了什麼？　　　074
- 中國 vs 美國 教育與環境的差異　　　077
- 如果你不適應環境 那就開始行動　　　087

Part 2　翻轉思維 ── 從窮困到富足的關鍵

第 3 章　窮富不是命 是看不見的認知差

- 普通人想賺第 1 桶金 灰色收入累積最快　　　101
- 有錢人不會告訴你的賺錢秘密　　　110
- 轉變思維 3 部曲 從無到有　　　124
- 3 種方式 實現財務自由　　　128
- 4 個障礙 阻擋財務自由　　　133
- 做到 4 件事 普通人就能財務自由　　　135

第 4 章　選擇大於努力 如何做出對的決定？

- 勤奮不會讓人富有 選擇才重要　　　150
- 避免錯誤方向 建立正確認知　　　153
- 面對選擇 先冷靜算風險再行動　　　156

Part 3　工作與投資 —— 普通人如何累積資本？

第 5 章　尋找賺錢行業 站上時代風口

- 跳脫規則思考 3 分鐘利潤 130 倍　　167
- 20 年離火運啟動 心靈財必須把握　　169
- 美股投資 2 大主軸：大盤 ETF ＋科技股　　174
- 未來賺錢核心：AI 人工智慧、加密貨幣　　176
- 普通人賺錢的致命傷 不願花時間等待　　182

第 6 章　別傻傻存錢 普通人如何加速財富增長？

- 牛肉麵理論 告訴你為何越存越窮　　189
- 設好 3 投資帳戶 長期投資最穩妥　　199
- 「穩定」背後的陷阱 穩定地變窮　　201
- 20 歲的你：好好思考人生　　203
- 30 歲的你：為了家庭首要考慮環境　　206
- 40 歲的你：還債、打造被動收入　　208

Part 4 建立高勝率投資策略 ── **走向財務自由！**

第 7 章　長期投資 穩中求勝的 4 大布局

- 短線操作是零和遊戲 長線才是價值投資　　219
- 站對風口 普通人也能翻身致富　　221
- AI 複製網路財富軌跡 抓住 10 年大機會　　225
- 掌握時代節奏 勇敢跟上趨勢　　229
- 看懂政策走向 就能抓住賺錢機會　　232
- 區分長短線帳戶 長期投資報酬更優　　235
- 退休資金配置策略 4 大板塊分散布局　　238

第 8 章　逢低買入 抄底好股票

- 發掘短線操作機會 掌握買入時機　　244
- 美股牛市只到半山腰 短期熊市不足懼　　249

後記

時代浪潮中 做自己的掌舵人　　255

附錄：善用 App 提升你的投資效率　　259

自序

普通人逆轉人生的起點

　　這本書,寫給想賺錢的你,也寫給20年前的我。

　　當你翻開這本書,首先要感謝你,我們有緣認識。畢竟在這個「短影片看2秒就滑走」的時代,願意閱讀一本財經類的書,多少帶點「傳統」精神。也許你是對美國股市感興趣,也許你想知道我的賺錢故事,或許你正對生活感到一絲焦慮,甚至有可能,你只是想看看這個從中國移民美國的傢伙到底賺了多少錢。無論什麼原因,我感謝你。因為我知道,我們都曾站在同一條起跑線——那條叫做「普通人」的賽道。

　　而你打開這本書的時候,就已經開始成為「一個有錢的普通人」。

　　我不是一開始就懂賺錢的人。

　　很多人以為投資成功的人,一定是從小算盤打得響,家裡客廳擺滿財經雜誌,從小喝的是「資本奶粉」,父母知識淵博,家庭是書香門第。錯!我出生在一個普通家庭,也曾在大學打工,也曾畢業後月薪寥寥無幾,也曾是月光族。我只是想透過這本書,告訴你,賺錢的模式已經悄然改變,領薪水不能讓你擁抱財富,賺錢不一定非要工作。

為什麼寫這本書？因為我不想你走我經歷的彎路。成功的人往往擅長從別人吃的虧累積經驗，自己才能少吃虧。

我知道，現在很多年輕人壓力大、存款薄、想要快速成功、渴望賺錢。但現實就是：你越想快，越容易摔跤。很多理財書不是太學術，就是太雞湯，讀完一頭熱血，帳戶依舊躺平。所以我決定寫一本不裝、不誇、不糊弄的書。

這是一本普通人可以直接看懂的財經書。

你可以看到我在中國負債累累的經歷，也可以知道我為何移民美國，有我移民美國後，從文化衝擊中理解「財務自由」背後的真正含義；也有我在美股市場裡跌跌撞撞，從美股小白誤打誤撞資產翻10倍，然後從韭菜翻身實現提前退休的真實經歷。

我會告訴你，那些能變富的普通人，靠的從來不是中彩券，而是對趨勢的理解、對行為的掌控，以及對文化與環境影響的覺察。運氣就是認知，認知幫你獲得財富。

本書到底講了什麼？老實說，講了不少你在其他地方聽到過的「老話題」——貨幣、通膨、投資邏輯、週期、比特幣、ETF、美國大選、AI、能源……但我試圖用新結構、新觀點、新話語去解釋。

比如，我會告訴你，「美元霸權」不是美國印鈔厲害，而是全世界都依賴美元並相信美元；我會解釋為什麼從2025年開始，AI會像蒸汽機一樣徹底重組勞動力；也會讓你明白，

為什麼我認為比特幣不是空氣幣，而是 21 世紀的數位黃金，甚至還會帶你一窺「穩定幣」背後，是美元鏈上新霸權。

這些東西，可能你在新聞看過、Podcast 聽過，但我保證，你在這本書裡，會第一次真正看懂。

財富不是知識問題，是環境問題。

我越來越相信一個道理：人跟人最大的差別，從來不是智商，而是環境。有錢人不是都聰明，但他們從小學的是如何整合資源；而普通人，從小學的是不要冒險、老實工作、炒股害人。這種環境差異，就像用安卓數據線去充蘋果手機──你永遠充不飽電。

所以我在書裡不光講「怎麼投資」，我還講「為什麼普通人會抗拒投資」。你會看到，你的恐懼、猶豫、懷疑，很多時候不是你懦弱，而是你被環境洗腦了。

這本書寫給每一個想自由，但還沒起飛的你。

我寫這本書，不是為了賣弄什麼年化報酬率，也不是為了塑造什麼「財務大師人設」，更不是和你炫耀我開勞斯萊斯豪車，我只是想讓你知道：普通人也可以逆轉人生劇本，提升認知，盡早明白以錢賺錢的邏輯。

投資這條路不會一夜暴富，但它會讓你越來越自由。自由不是說你不上班，而是你可以選擇「想不想上班」、「去哪裡上班」；不是你不用看老闆臉色，而是你可以決定「要不要有老闆」。

感謝你，願意翻到這裡。

我不能保證你看完這本書後資產翻倍；但我敢說，看完之後你會更冷靜、更聰明、更自信地做金融決策。如果你是剛入門的「小白」，希望這本書是你的投資防坑指南；如果你是久經沙場的老司機，願它帶來新的視角，打破你的慣性依賴。

這本書，不是終點，而是一個起點。

願它陪你走過牛市、熊市、震盪市，也陪你穿越你自己的人生焦慮期。

金融很深也很遠，但認知很近。

我們不靠投機致富，而靠看懂世界——不被世界淘汰。

最後，我想說的是，如果你20歲，擔心錢少到連美股都買不起；如果你剛好30歲，覺得已經錯過了原生家庭的紅利；如果你40歲，覺得改變已經來不及——那你更該讀這本書。

我不保證你讀完會馬上暴富，但我敢說，你會用不同的視角看世界、看財富、看自己，這才是財務自由真正的起點。

——寫給那個曾經月薪不足 1,000 人民幣，卻不甘平凡一直折騰的我，也寫給此刻打開這本書的你。

Mike Cheng

前言

世界上為什麼有窮人和富人的差別

我為什麼寫這本書？我為什麼分享投資？

世界發達國家的高等教育比例已經超過 50%；中國地區高等教育比例也超過 57%。

2025 年，當你走在世界上很多國家的街頭，平均 2 個人中有 1 個人上過大學。大學裡的教授會傳授各種知識，但是他們不會告訴你如何賺錢。

人們通常把在物質上對自己提供幫助的人稱為「恩人」；把在事業上對自己提供幫助的人稱為「貴人」；但是通常把提升你的認知，幫助你避免走彎路，分享給你人生經驗的人稱為「騙子」、「神經病」。

我就是透過分享自己的經歷——幫助你提升認知、幫助你改變思維、幫助你懂得賺錢。我從這個分享的過程中獲得滿足感。如果你相信普通人可以改變財富命運，相信普通人可以透過改變認知邏輯，實現提前退休、實現財務自由的目標，那麼，請接著往下看……

也許把人分成窮人和富人是一個有爭議的問題，不過我們生活的人類社會的確如此，窮人和富人的區分其實一直被

大家難以接受。本書的觀點會告訴你，窮人是富人的資產，富人的資產是窮人，如果你想明白其中的邏輯關係，請自己從本書中找到答案。

為什麼生活中很多看似很聰明的人，卻過著和大多數窮人一樣的生活？這個問題讓很多人費解。

試想一下，如果一個窮人快餓死了，這個時候上帝給出兩個選擇，第1個選擇是每月給窮人一袋米，可以保證窮人一直吃飽飯，但也僅僅是吃飽，沒有多餘的米。第2個選擇是，第1天給一粒米，以後每一天給的米都是前一天的2倍，並且持續重複下去。

聰明的人都知道第2個選擇如果持續1個月，肯定自己得到的米會是無限多的，但是大部分人都會選擇第1個選項，因為窮人快要餓死了，即便知道第2種選擇得到更多，也沒得選，否則撐不到半個月肯定餓死。

這裡的一袋米就是月薪，大部分人都只能選擇每月一袋米保證自己不被餓死。而為了這一袋米，每天辛勤工作，你就沒有時間思考如何獲得更多的米。

世界銀行的報告顯示，中國有0.4%的人口掌握了70%的財富，而美國則是5%的人口掌握60%的財富，中國的財富集中度超過了美國，位居世界第一。由此可見，受教育水準和財富水準是不一致的。也許你掌握了很多知識，讀到了博士學位，可是賺錢的能力卻不能隨著學歷而增長。

實際上當今世界幾乎所有國家都是如此，**少部分人控制社會大部分的財富，掌握社會資源，而能夠被普通人獲取的財富只能越來越少。普通人與生俱來就沒有掌握資源的先天條件，所以努力獲得資源是普通人一生必修的課題。**

我 42 歲基本實現退休生活，假期旅居世界，我依靠幾個不同管道的被動收入實現了目前的生活狀態，具體狀況可以參考我的 YouTube 頻道「Mike 是麥克」上的內容。我不是富二代，不是官二代，父母都是普通人，所以我認為我的經歷對於普通人實現生活品質的提升、實現提前退休，還是有一定參考意義的。

本書將以我獨特的經歷和投資感悟，幫助你擺脫窮忙陷阱，捅破財富的面紗，翻越財富之牆，告訴你如何從一個普通人，具備財富認知，實現財富階層轉變，變成有錢的普通人。

在你閱讀本書之前，我想和你達成 4 個共識：

ⓢ 共識 1：人生只是過程

我們都只有一次生命，人生短短幾十年，不管有沒有下輩子，我們都不會再見，要珍惜這輩子遇到的人、擁有的生活，做一個智慧的過客。

ⓢ 共識 2：沒有東西是永遠的

無論是父母還是夫妻、孩子、朋友、同學、財富、身體，

最後都會離你而去，任何東西都不是永遠跟隨你的。

共識 3：人生沒有完美

沒有人的一生是完美的，包括你我，也不管有錢沒錢，你的婚姻、父母、子女、身體、事業、友誼、愛情……都是有缺憾的，這就是人生的常態。

共識 4：承認自己普通

我們都是普通人，承認我們的父母普通，承認自己普通，承認我們的孩子普通，這是人生必須認識到的 3 個現實。普通人就做普通人的事情，不要把自己當成多麼了不起的人物。

如果以上 4 點你認可，我們就達成了共識，下面內容就容易理解了。

非常慶幸我們這一代在上世紀 1980 年代之後出生，正好趕上中國改革開放後發展的黃金時代，生活條件開始變好，長大後機會也更多。2000 年後更趕上網路時代，資訊獲取更加方便，這是我們這代人遇到的第 1 次全球工業革命的歷史變革時期，也是人類歷史第 3 次工業革命。

截至目前為止，人類歷史已經經歷過三次工業革命，第 1 次是蒸汽時代，第 2 次電氣時代，第 3 次就是資訊時代，網際網路時期給了我們每個人機會，回過頭來看，我也算是在這個時代抓住了一點點風口，賺到了一點錢。

時隔 20 年後，**到了 2025 年，我們正值中年，又遇到了人類歷史上第 4 次工業革命——AI 人工智慧時代，這一次的機會，人人都有，世界財富格局將會再一次被分配**。這個時代最不缺的就是資訊，相較於 20 多年前，人們從報紙、電視、廣播獲取資訊的時代，現在明顯是資訊過剩的時代。

由於智慧手機和通訊網路的發達，比之前沒有智慧手機的時代，現在獲取資訊便捷程度是以前的十幾萬倍。但是，有效資訊卻變慢了幾乎相同的比例。

如果說 1960 年後至 1990 年後出生的世代，主動獲取資訊的能力是一種核心競爭力的話，那麼伴隨著網路時代誕生的 2000 年後至 2010 年後的這一代人，篩選有效資訊的能力就是他們的核心競爭力。**篩選有效資訊的能力包括：分辨資訊來源的能力，及時掌握真實資訊的能力，驗證資訊的能力，判斷資訊有效性的能力。**

任何時代都有其時代紅利，而這個紅利能夠被抓住並有效利用，成就個人，少之又少。因此窮人一直抱怨命運不公，抱怨生不逢時，抱怨懷才不遇，他們從來不會覺得自己沒把握住命運，沒有能力迎合天時地利人和，所謂懷才不遇難道不是自己本身無才？

我生在中國，經濟學理論是從一個後來被我認為是錯誤的理論知識開始灌輸的，這也是生活在中國大部分人對經濟學講的財富最大的誤解。

勞動換取財富，資本家剝削勞動者的剩餘價值獲取財富，這是不對的。資本之所以會產生剝削是因為權利的加持並非資本的本質。人們透過勞動換取薪資報酬，這個說法要先釐清，勞動僅僅換取薪資報酬，而非財富，《富比世》（Forbes）富豪榜裡沒有一位富豪是透過薪資獲得財富的。

普通人真正富有，是透過很多因素才能達成，比如說地產、智慧財產權、版權、認股權等，都是可遇不可求的因素。而獲取財富的回報，都不是透過勞動，尤其是體力勞動，出賣自己的時間和勞動，無法迅速獲得財富。

獲得財富最快的方法就是你擁有別人需要的東西，而這個東西是相對稀缺的資源。

普通人能不能透過有目的的積累，透過時間的等待獲得財富，從而實現提前退休呢？答案是肯定的，本書會告訴你答案。

如果你年過 40 歲，還沒有實現財務自由或者所謂的提前退休，那麼你一定要看這本書。

如果你現在 30 歲，想要用 10 年左右的時間實現財務自由或提前退休，那麼請你看這本書。

如果你現在大學畢業，剛開始工作，希望自己早日實現財務自由或提前退休，那麼這本書就是為你量身訂做的財富教科書。

如果你現在正在讀大學，對未來的生活充滿好奇和憧憬，

希望以後賺很多錢，比同齡人更早實現財務自由或提前退休，那麼這本書可能會影響你的一生，這裡的內容是任何商學院都不會教給你的財富知識。

　　但是，在你繼續閱讀後面內容之前，我想提供一些個人的溫馨提示。以前年輕的時候我很喜歡和人爭論，現在隨著年齡增長，心智成熟了一些，了解到世間萬事都不是絕對的，是非對錯只是角度不同。而且現在人變得更懶，如果你在閱讀本書的某些觀點後有不認可的地方或不同的觀點，以你的觀點為準，歡迎不同的聲音甚至是批評，我會非常欣慰地講，你說的對！

Part 1

文化與環境
影響財富的隱形因素

成長經歷、所在環境與文化背景,
決定了對金錢、工作、投資、財務自由
的認知與選擇。

引言

全球在 2020 年爆發 Covid-19 疫情，我從 2015 年開始從事的美國代孕業務因航班停滯、出入境限制等影響，一下子沒了客源，我也在這個時期思考了很多關於賺錢的問題。雖然短期間生活不會受到什麼影響，不過長遠來看也必須做一些準備，這個問題在 2021 年有了轉機，我從 2018 年開設美股帳戶，買了很多特斯拉（Tesla）股票，這一年，特斯拉的股價漲到了歷史高點，我的股票翻了 10 幾倍。

無心插柳柳成蔭，這一次財富的增長是我投資生涯的起點，也實現了提前退休。不過請別以為這次投資成功只有運氣的成分，我總結自己的經歷，也許這裡面有一些讓你共鳴的地方，哪怕只是一句話、一個故事、一段經歷、一點感悟，能夠讓你茅塞頓開的話，那麼我寫這 10 幾萬字也算是倍感欣慰。

我不避諱公開講從事美國代孕這個行業，這是我移民美國以後從事時間最長的領域，讓我在美國立足，而且當初能夠下定決心移民美國，也是因為這個行業持續多年帶給我豐厚的收入來源。後面我還會告訴大家，普通人第 1 桶金的獲取方式最快的就是透過灰色產業，而代孕這個行業就是屬於灰色產業，具體原因本書也會給出詳細的解讀。

從思考今後的生活來源，到突然不需要工作，這個轉變

可能對於大多數人來說都會很開心。不過我經過短暫的興奮過後，可能是年齡的緣故，讓我冷靜下來，之後有一段時間我好像得了一種病，症狀就是不再對任何事情有興趣，好像生活一下失去了很多樂趣，人也變得懶了，容易睏，每天睡到自然醒，中午還要睡午覺，每天睡眠時間超過 10 個小時，沒有任何社交，手機保持多年的靜音狀態，從來不接電話，回覆訊息也拖沓，經常是晚上睡覺前回覆一下必要的訊息，沒興趣的一概不理。

我確定這不是憂鬱症，就是突然沒有了生活的壓力以後，也沒有事情可做的一種迷茫期，每天除了看看股票、做做飯，好像也沒有什麼特別的興趣愛好。

2022 年初，一位攝影師朋友透過傑出人才方式移民美國，暫時來到我家短期居住，他建議我開個 YouTube 頻道。於是就有了我現在的「Mike 是麥克」這個 YouTube 頻道。

經過一段時間的思考，考慮到我也不擅長講什麼內容，因為人生最大的轉變就是移民美國，我就分享自己的經歷。一開始我講移民，沒想到正好趕上中國歷史上第 4 次移民潮，一時間我的頻道紅了，就像特斯拉股票一樣，從一開始的幾個人觀看，突然一夜之間有了幾萬次觀看，10 幾萬次觀看，

到幾十萬次觀看,頻道粉絲1個月從零增長到幾萬人。

2022年4月我發布了一則談貧窮本質的影音內容,打破傳統的中國人認知,參照寒門出貴子的觀點,我說寒門難出貴子,相反的,我認為窮山惡水出刁民,引起了廣泛的熱議,觀看量達到了30多萬次。

從這以後,我才算是重新定義了今後的生活。如果說特斯拉股票讓我實現了提前退休,那麼經營YouTube頻道,讓我找到了人到中年有興趣去做的事情,我很樂意分享自己的故事,有關中國移民美國的「80後」(我出生於1981年,屬於「80後」這個世代),講移民、賺錢、生活的一些感悟和經歷。一開始是純分享,後來我認為這不就是自己生活的一種紀錄形式嗎?將來再過幾十年我回首這一生的時候,也會是一個有意思的過程,我的孩子也可以看到這些,了解家庭的變遷,本身就是生活的紀錄。

有人可能會講,財務自由的人都很低調,不會公開分享自己的故事,更不會賺這個影片流量。那麼邏輯上我們試想一下,難道世界上的有錢人都低調嗎?如果都很低調,我們怎麼會知道羅斯柴爾德家族(19世紀歐洲知名的金融家族),怎麼知道馬斯克(電動車大廠特斯拉共同創辦人),怎麼

知道李嘉誠（香港首富），怎麼知道巴菲特（美國股神，創辦波克夏投資控股公司）……巴菲特很有錢吧？怎麼會為了一頓午餐收費拍賣？馬斯克很有錢吧？怎麼還不退休頤養天年，要冒著生命危險去幫川普政府做事，還要搞太空事業。

當你不愁吃喝的時候，當你的財富足夠後半生過無憂無慮的生活，做一些事情讓你覺得有意義，生命有價值，幾乎是所有人的想法。

人生只圖兩個東西——利和名。不要說淡泊名利，任何人都不想淡泊，只不過大多數人得不到，只能淡泊。

有了錢以後，時間自由，和沒有錢無所事事的自由，是兩個不同的概念。

富翁遠離喧囂，去鄉下的池塘釣魚、種菜，感覺到的是放鬆和愜意，但是你不能說農民每天種菜，漁民每天養魚捕魚，是放鬆和愜意。他們看似都在做同一件事情，可是心情完全不同，差別就是經濟基礎帶來的感受。

有錢人去鄉下生活，因為財富可以帶來無憂；沒錢的人在鄉下生活，是因為希望獲取財富。

在談論本書的話題之前，我想先搞清楚一個概念，窮和富，到底指哪方面？我在這裡提出一個很明晰的觀點，窮和

富,有兩個含義:

第一就是經濟水準,我們排除那種巨富,就是我以前在影片裡談過的當今世界三大富豪群體,華爾街精英(包括白宮的決策者以及猶太家族)、中東石油大亨,還有世界上所有的統治者組織,比如日本、韓國的財閥家族,他們都是當今世界統治階級。除此之外,世界上絕大多數都是普通人,我說的就是普通人裡的窮人和富人。

第二就是精神層面,有些人很富有,但是精神層面道德淪喪,為了利益不擇手段,而我們平時見到和知道的富人,又多是這樣的類型。

我如果當初不從中國體制內環境出來,或者繼續做點小生意,多半也是不擇手段,不顧尊嚴地去賺錢,靠著卑微換來的那點錢來支撐內心的安全感。肯定也不能給下一代正確的價值觀和認同感,更談不上讓下一代對我多少有些引以為傲。

每個人都有一個頓悟期,就是這個人對這個社會的運行法則突然明白過來,人應該具備什麼樣的認知和價值觀,這個時候你會突然明白一些道理,我自己的這個頓悟期大概是19歲左右,倒不是說我大徹大悟,只是跟絕大多數同齡人比較,我對大家都看到的事情有了更清晰的認識。

生活在台灣的朋友很幸福，因為你們生活的環境讓你們從小具備邏輯思維，你們可以從不同的角度去看待問題，表達觀點，獨立思考。

　　窮人和富人，其實就是文明世界創造以後，世界的主宰者或者說統治者們設計的一個體系。20%的富人，管理80%的窮人，這個世界才可以正常運轉，如果都是窮人或者都是富人，那麼世界就會一片混亂，真正的世界大同是不存在的，集體主義大鍋飯的作法也被論證過是不可行的。

　　本書後面的內容會解釋，為什麼富人的資產是窮人。

第1章
文化對財富的影響
為何窮人難以翻身？

根據公開資料顯示，截至 2024 年底，處於 Top 0.1% 的美國富裕家庭占有總財富比例 13.8%；2023 年中金公司的報告也顯示，處於中國 Top 0.3% 的最富有階層占有社會總財富 67%。兩者相較之下，在美國實現自我滿足，或者說成為普通人裡的有錢人，更容易一些。這就是制度文化差異、社會環境差異，對於人們獲取財富的影響不同。

無論人生處於哪個階段，正在就讀大學、已經大學畢業，或是剛步入社會處於人生的迷茫期，還是經歷了社會的各種人情冷暖以後有了一定的認知，我們努力做好眼前的事情，目標都是為了提高自己在這個世界的獨立性。

小的時候擺脫父母，擺脫原生家庭，長大以後擺脫工作的束縛，其最終都是實現自我獨立，而不是單純的升職加薪。擁有了自我，為自己的人生負責，而不是為老闆負責，為一份工作負責。實現自我價值，時間自由的前提就是財務自由，這才是我們普通人理想的狀態。

人類是不斷進化的，在這個過程中沒有捷徑，古代人用石頭做的武器捕獵食物，往往必須花費好幾天時間才有收穫，而速度快的就會得到榮譽，這樣促進了人類的進化過程。但是古代人的任何行為都只是一種人類本能的反應，而沒有快速進步的金融屬性。

現代社會也是一樣，如果你在咖啡店工作，除非你特別熱愛這件事，從中得到足夠的滿足感，否則你只是為了賺一

份薪水，8個小時的工作量就是泡100杯咖啡和150杯的區別，儘管不同的人做的品質不同，不同的咖啡豆產出的口感不同，投入產出基本上是一樣的，你的薪水不會有太大變化。

如果說有不同，那就是老闆的收入會因為客流量和咖啡師水準的差異而不同，而客流量受各種因素的影響，比如地理位置、咖啡品質、客戶評價、咖啡師名氣等。這裡面我們就會看到在咖啡店打工和當老闆的區別，打工只是賺薪資，老闆承擔更大風險，收益更大。對！老闆有投資，投資就是槓桿，資金就是工具。

現代社會有槓桿，比如說資本、科技，都是槓桿的生產力手段提升。你用貸款買房、買車，工廠用機器人代替人工，這就是槓桿，不過我們要明白槓桿是統治階級管理的工具。

靠出賣自己的勞動和時間是不太可能財務自由的。後面我會說明為什麼制度和文化差異會影響理財觀念和習慣，同樣也會影響財務自由的可能性。

擺脫低薪、勇敢創業 26歲賺到第1桶金

我上大學時，學費和生活費是奶奶和外婆共同資助，讓我讀到畢業。倒不是說我家有多窮，連學費都供不起，我父母當時的收入在當時的社會水準裡不算低，應該也算普通人裡的中高收入家庭，但是我祖父母當時條件還算可以，他們想減輕我父母的負擔，也為了表達對我這個長孫的疼愛，所

以就一直資助我上學。

我的父母一直在國營企業（國企）工作，是一家建築公司，工作地點每幾年換個地方，我小時候是在國企家屬院長大的，家庭經濟條件相比同齡人來說還是不錯的。為什麼我的外婆、奶奶會資助我讀大學，因為他們的經濟條件更好，我外公、外婆家是中央企業（央企，中央直屬企業，地位更高），改革開放以後中國的基礎設施建設如火如荼，鋼鐵企業的發展異常迅速，職工福利在全國來說是數一數二。

我外公是一名退役老兵，參加過韓戰，中國叫抗美援朝。他是一名小軍官，退役後到企業的時候算幹部待遇，所以家庭收入在當時來說也算很好，長大以後我才知道，外公在上世紀1990年代每個月醫療費補助，比當時很多人1年的薪資都要高，甚至超過幾十年後現在很多人的月薪。我就是在外公外婆家長大的。

我初中以前學習成績都還不錯，小學畢業時父母為了讓我讀一所本地的明星中學，花了很大的代價。1990年代初期，學校報名的學生太多，分數成績都夠條件，但是名額少，怎麼辦呢？學校通知可以贊助人民幣2萬元＊，然後畢業以後退還贊助費，沒有利息，那個時候銀行定期儲蓄利率是10%。如果你對1990年代初的2萬元沒有概念，我可以幫你

＊本書中提及與中國有關的金錢數字，除另有註明外，均指人民幣。

對比一下，當時中國國營企業員工的月薪大概是400元，2萬元大概是一個國企員工4年的總收入。

說到這裡你應該知道了我的成長背景，不算大富大貴的家庭，只是普通人裡相對來說經濟條件不錯的家庭，這是我成長的環境，也叫原生家庭，我認為對我以後影響很大。

畢業後我先進入國企工作，父母資助我在工作單位旁邊，省會城市的市中心買了一間小公寓。這樣我就不用租房子，省了很多生活成本。

因為收入實在太低，2002年的時候月薪不到1,000元，實習期只有600元，1年後我辭職了，為了提高自己的社交能力，我還特意去做了業務。折騰了2年以後，我認為自己做生意才能增加收入，在家人的幫助下去北京跟一個很有名的老師學習品質審核，這個老師是中國第1代標準化審核員，業界中公認的權威。

學習結束以後，我找父母要了2萬元，加上自己做銷售1年多賺的錢，註冊了一家公司，在一個社區租了間辦公室，就算是開始創業了。當時的業務就是幫助企業建立國際化標準流程，做ISO 9000品質體系認證。

當時這個行業已經很競爭了，現實比我想像的還要差。公司成立6個月，廣告費花了不少錢，半年後錢花得差不多了，支付辦公室房租、電話費、網路費、廣告費，基本上就把錢花完了。業務員基本薪資發完以後，當時面臨解散，是

的，半年時間沒有一筆業務。當時我身上只剩 67 元，第 2 個月我的手機就欠費了。

就在我已經找到人收走辦公桌椅的那天下午，正準備賣電腦的時候，接到一通電話，對方問我辦公室在哪裡，我如實告知，但是我當時以為是同行打聽資訊的，因為那幾個月接到類似的電話很多，以至於我不相信是真正的客戶。

不到 20 分鐘，剛才打電話的人來了，坐下來就問我業務上的問題，我報完價以後，對方問我能不能當場簽合約，我說可以，檔案櫃裡列印好的合約有幾十份，1 份都沒簽過，第 1 次簽合約，當時感覺有點不太真實。

簽完合約，對方拿出 2 萬元現金放在桌子上，讓我第 2 天跟他去深圳，認證的企業是位於深圳的中航技，是一家中國航空技術進出口公司。這個時候我才確認是真的，有種見錢眼開的感覺。

那一筆我賺了 3 萬元，期間多次往返深圳，還辦了港澳通行證，第 1 次因為工作關係去了香港，也是頭一次出境，在香港前後待了幾個月。對於在中國內地長大的我來說，24 歲頭一次去香港，頭一次走出國門，這半年多是影響我最深的一次工作經歷。

2003 年時，很少有公司建網頁，但我剛創立公司時就找了一個從網路論壇裡認識的網友幫我設計了公司網頁，給了他 500 元當作報酬，就是這個網頁讓客戶透過網路搜索找到了

我。在那一筆之後,透過網頁找到我的企業越來越多,大概 2 年時間,26 歲不到的時候,我就賺到了第 1 桶金,100 萬元。

後來,我進入媒體產業,這個產業對我的影響同樣很大,見識了社會的林林總總,接觸了不同層次的人,就是這個世界的富人和窮人,讓我對社會、對這個世界有了新的認知。

我 32 歲時從體制內辭職,和朋友合夥做生意,再次創業,給了更多讓我認識社會、認識世界的經歷,這些經歷讓我懂得了窮和富的道理。

為何寒門難出貴子?貧窮世襲思維陷阱

窮人家庭為什麼絕大多數會把貧窮世襲?有以下幾個原因。

⑤ 第 1 個原因是成熟晚。

窮人家的孩子大多數要到 30 多歲的時候,才能明白整個社會的運作邏輯和人性。而在我認識的同齡人當中,大部分到了 40 歲還是沒有明白自己在社會中的定位和對社會問題的思考。俗話總說,窮人家的孩子早當家,其實,那並不是當家,只不過在極端環境下掌握了一些基本的生存技巧而已,這些技巧很多是上不了檯面的。

在我認識的很多同齡人中,多數還是朝九晚五,上班下班,得過且過,人到中年,每天回家消耗最多精力的事情

就是輔導孩子作業,大部分還是重蹈自己小時候的覆轍,但是精神層面反而停留在過去,其實就是世襲了上一代貧窮的精神。

舉個例子,很多我們這一代為人父母的,對於孩子在生活中知道節儉,買東西選擇便宜的買,會把省錢當成一種美德讚美,這我不認同,如果你從小習慣了買便宜東西,以價格作為決策標準,那麼你就習慣於廉價的生活方式,財富可能會離你越來越遠。

ⓢ 第 2 個原因是缺乏正確的指導。

一個幾代都窮困的家庭,在 30 歲之前人生最大的阻力來自於家人,家人和人脈認知的局限會在各種事情上幫倒忙,或給出錯誤的指導,很多窮人家比較叛逆的孩子之所以容易成功,是因為他們早早就擺脫了家庭的束縛。富裕家庭的孩子,在人生的關鍵路口上,有人指點一下,很可能就夠用一生。**但窮人家的孩子只能自己一路摸索,沒有人能幫他,因為上一代人沒有足夠的認知和人脈,不能給他們指引和幫助。**

我小時候因為父母作為一個生在新中國的工人階級,給不了我有效的指導,他們的教育僅僅停留在「吃得苦中苦,方為人上人」的層面,但我很感謝他們在買書、看書上給我足夠的自由,在除了黑白電視機再也沒有其他娛樂活動的年

代,我家裡的長輩會在經濟方面給我足夠的支配權去買書。我很早就意識到,如果吃苦能做人上人,這個世界上那麼多做苦力的工人早就統治華爾街了。

💲 第 3 原因是窮人孩子沒有犯錯的本錢。

有錢人家的孩子可以不斷嘗試,犯錯也沒關係,不斷錯不斷成長,一般家庭的孩子或許可以犯錯 1、2 次,但大部分家庭的孩子錯一次就跌入人生谷底,嘗盡人間疾苦才能明白一些道理,那時早已被社會磨盡了銳氣,跌入世襲貧窮的循環。

還有就是時間成本。認知層次的領悟和傳承,資產的積累與繼承,都需要時間,老鼠天生會打洞,窮人家的孩子所有的一切都只能自己花時間去積累、學習、領悟,去提高認知層次!然而,很多大好的青春歲月和美好的事物就這樣消失了,長大後也沒有時間顧及下一代,孩子潛意識造成的缺陷永遠難以彌補。

別人的順利,都是上一代人拒絕安穩、拚搏奮鬥、不斷試錯傳承來的。當然也和時代背景息息相關,如果剛好生在機會缺乏的時代,那麼永遠都無法獲得機會。

💲 第 4 個原因是窮人家庭內耗嚴重。

「這一點小事做不好,長大還能幹什麼?」這是很多窮

人家庭父母的語錄,成長路上的內耗非常嚴重,貧困夫妻百事衰,因為經濟窘困,家庭矛盾會一直不斷,兄弟姊妹都會為了一點利益而產生矛盾,這種家庭內耗會把負面情緒發洩在孩子身上、夫妻之間。相對地,心理健康的父母會把攻擊性的一面發洩在外面,對待自己家人會展現溫柔的一面。

內耗型的父母給不了孩子任何安全感,反而會造成家庭成員焦慮,互相折磨,自然就沒有精力得到健康的財富認知。有的人一直在通往羅馬的路上努力,而有的人就住在羅馬。我們的孩子只不過是這個世界上普通家庭的一個普通孩子而已,當父母開始意識到自己的普通和平凡時,才能給孩子正確的價值觀引導。

父母的生活和行為足以影響孩子的一生,這就是我說的寒門難出貴子。無論哪個國家都一樣,父母的生活如果還處於為了生存而掙扎的層面,他們的孩子大概是沒有什麼逆襲的可能。

一個父母有性別歧視、遇事胡攪蠻纏、沒多少閱歷和文化的小市民家庭,他們的孩子大概也會遺傳這些思想和見識,即便有一小部分最後學有所成,混到了一個比較好的工作,有了一個比較好的職業,他們鐫刻在骨子裡的窮人本質仍是無法消失的,他們為了自己的利益會不擇手段。

不過我還是要說不能太偏激,同樣是閱歷少、見識少、文化程度低的父母,如果能尊重事實、通情達理、做事有良

心和正義，也會把這些品德遺傳給孩子。

社會階級固化 財富樓中樓越來越難

我在中國出生成長，先後在中國和美國 2 個國家生活、工作，在美國生活也已經 8 年，時間雖然不長，但是近些年我透過美股實現提前退休之後，花了大量時間深入研究中美兩國社會的各個階層，發現了這個世界一些貧富差距和財富階層的問題。

其實我在大學時修的是法律，研究所學的是和金融有關的市場行銷，這兩個領域看似沒有太大關聯，但當時都和中國社會的經濟發展軌跡相吻合。我是工作多年之後，有了足夠的經濟條件才繼續深造更高的學歷，目的就是提升知識儲備，學習經濟理論確實讓我這些年研究社會財富有了更深刻的理解。

實際上不管中國還是美國，不管經濟體大小之分，有一個共同的社會問題：在過去幾十年的發展中，社會階層越來越固化。美國雖然有 200 多年歷史，不過經濟的發展也是在第二次世界大戰後才有了質的飛躍，而中國隨著改革開放後的快速發展，階級固化同樣是越來越嚴重。

社會進步越快，經濟發展越快，階層固化問題就越嚴重。

在一個國家中，不同的階層固化成一個封閉的圈子。我們生活的社會中大致上會有這樣幾個階層：最上層是統治階

層,他們是掌握社會資源最多的階層,也是制定分配規則的階層,離我們普通人的生活太遠,暫且不去討論,因為對於大部分人來說意義不大。接著,「普通人」這個群體,按照對資源和財富的掌握程度分成富人階層、中產階層、受薪階層、貧困階層,各個階層之間幾乎沒有可交叉的生活內容,彼此也無法理解和同理。

中國在近20多年的社會發展,呈現房地產大勢已去,經濟發展也出現停滯的狀態,政府負債率越來越高,目前中國經濟新型產業中留給普通人的機會越來越少,經濟流動性也不如幾十年前,普通人改變階層的難度越來越高,家長的認知和家庭資源也逐漸決定了孩子成長的軌跡。

富人家的孩子即便能力不足,在家族幫助下,畢業就有清晰的職業規劃和充足的社會資源可以利用。富人家庭對社會法則非常熟悉,多年來累積的關係網,讓他們的後代可以輕鬆超越其他人。

回顧我讀書的年代,上世紀1990年代末到2000年初期,其實就已經有了比較明顯的社會階層分級。

近些年有人提到中國的「縣城婆羅門」現象就是很典型的中國階級特色。婆羅門是印度教種姓制度的祭司,掌握神權、占卜禍福、壟斷文化教育、報導農時季節、主持王室儀典,在社會中地位是最高的。

中國縣城婆羅門現象,顧名思義,就是指中國的小縣城,

由於人口不多，地區資源掌握在少數人手上，比如說當地首長官員，以及在各層級縣市與鄉鎮從政的公部門高層，包括縣城管轄範圍內的政府單位、公檢法機關（公安局、檢察院、法院）、文化、旅遊、教育、金融等系統。這就是一個非常複雜而且龐大的關係網。尤其在中小城市幾十萬人口的範圍內，存在著多年形成的人際關係系統。

這些系統裡的子女職涯規劃對於眾多無權、無勢的群眾家庭來說，有著得天獨厚的資源。大專生安排進入銀行，然後經過基層的鍛鍊後可以快速升任管理層，再過幾年，30多歲就可以安排進政府機關掛職，然後走上家族關係系統裡的仕途道路——能不能繼續升遷就要看家族長輩的權力有多大。

基本上在縣城的婆羅門這個系統裡，小地方就是一個小社會縮影，是各個家族關係的一種連帶網路，資源也只能在這些人手裡。

普通家庭如果按照社會規則去走一生的道路，那麼年輕人就是背負房貸、車貸，從事著沒有保障的工作，還著非常穩定的貸款，時代的紅利通常輪不到普通家庭孩子的頭上。「門當戶對」這個擇偶觀念，隨著社會階層的固化，會越來越有存在的理由。

為什麼中國有錢人 決定移居美國？

Covid-19疫情之後，中國歷史上第4次移民潮爆發，高

資產家庭以及中產家庭都在考慮移民,甚至是底層普通家庭也在透過極端的方式移民美國,比如說偷渡,中國人叫「走線」,以及旅遊簽證過期不歸的方式。

在歷史的重大時刻,不同的選擇會有不同命運,這就是移民潮的本質。

我們一生會遇到無數選擇,就像我常說的「賺錢」這個話題一樣,我的 YouTube 頻道是從移民的話題開始,很多人以為我是個移民仲介頻道,第 2 年開始講美股比較多,又有很多人以為我就是個股票投資頻道。

其實我並沒有把我的 YouTube 頻道定位於某一個主題,如果說有,那就是分享作為中國移民美國的「80 後」,作為第一代移民,移民海外的生活感悟、賺錢方法以及日常分享。我只是把我的真實生活,以聊天或錄影的方式分享給各位,同時也給自己留下一個公開的人生紀錄。如果我的內容對你有所幫助,那麼我不勝榮幸,也非常感謝大家能喜歡。

當初決定全家移民美國有一定的偶然因素,我從內部因素和外在因素 2 個角度去討論,也會透過本書首次公開我們移民美國的方式和過程(見第 2 章)。我們知道,2022 年初中國在 Covid-19 疫情後開放出入境,移民潮爆發,這兩年想移民的中國人達到歷史新高,「移民」關鍵字的搜尋一度創歷史新高,破 1 億人次。

與此同時,大部分人還是覺得,中國已經很好了,不明

白你們為什麼移民？關於這個問題，我想歷史會給出答案。歷史在進步，但是歷史也在重演。讀史使人明智，從歷史的故事裡可以找到我們現在選擇的答案。

為什麼中國有錢人、高資產的家庭都喜歡移民美國呢？先說外部因素。

💲 外部因素：逃離經濟崩壞與環境惡化

10多年前，中國的P2P擔保公司相繼暴雷，普通底層家庭損失慘重，我身邊認識的家庭無一例外，多多少少都參與其中，遭受損失。

中國整體大環境在疫情時陸續突顯一些問題。房地產暴雷事件相繼發生，為幾十年靠房地產提振經濟的中國經濟籠罩了一層陰影，普通家庭更是雪上加霜，很多家庭面臨中年失業，房地產貶值，房貸的壓力持續加重，很多二三線城市的房價已經跌掉了頭期款。

中國有約800萬名公務員，另有4千萬名屬於編制內的公營體系人員，平均每23.5個人就要養活一個公務員，就是說你每天賺的錢再加上22個人，你們是一個小組，你要拿出平均收入的5%，養一個編制內吃財政鐵飯碗的人，不管這個人有沒有能力，是否創造價值，你都要養，這不是你想不想的問題，這是赤裸裸的現實。

談完宏觀經濟上的債務，接著是環境層面的負債。修復

地下水、土壤、水循環系統，以及空氣污染所需的成本難以估算。根據公開資料保守估計，至少需要100兆資金，且隨著水質、土壤與空氣惡化的速度加劇，修復成本只會不斷攀升。更關鍵的是，至今這套系統的修復幾乎尚未啟動。

就算現在開始修復，等到你可以看到藍天白雲、吃沒有污染的食物時，可能是你200歲以後了，也就是說，你的子女看不到，你的孫子女看不到，你的從孫子女也看不到。人類文明的發展暫且不說，就說你「堅持」的這個成本，是不是有點可望而不可及。

還有民生負債，這個其實就是人口紅利，還記得「我們就是最後一代」這句話嗎？這是在中國Covid-19疫情期間，被「大白」（穿白色防護服的執法人員）上門威脅拉去方艙醫院時，被威脅的人講的一句話，因為不服從管理會影響下一代，大家反抗的時候說，我們就是最後一代。

簡單來說，出於短期業績數據漂亮的考慮，現在你看到的很樂觀的資料，其實就是人口負債，減少了人口基數，讓宏觀經濟資料的人口分母變小，人均資料拉高。

這個是非常致命的，經濟學常識告訴我們，人口週期至少20年以上，你現在鼓勵生育，就算年輕人願意生孩子，生二胎、生三胎，形成成熟的韭菜，哦不是，形成成熟的勞動力，也是20多年以後的事情了。現在的中產家庭人口組成約在35～40歲左右，等20年以後，都開始養老了，不，你想

多了，你還必須出來工作，而且不一定能賺夠自己的養老金。

這個週期是非常樂觀的預估，你還必須把股票詐欺、擔保公司爆雷、各種社會事件、突然間來的疫情、環境惡化、社會惡性事件增多、假藥假酒假奶粉等各種群體受害事件的量體算進去。這裡面還有各種欺騙性投資、爛尾工程等，會週期性爆發，而且每一次爆發都會將普通家庭財富進行收割。

還有最近這些年外部環境的技術封鎖、外資撤離、經濟脫鉤、產業鏈外流，不要以為跟你沒關係，只要你有錢，就有關係，你的錢越多，關係就越大。儘管這個過程可能不會讓你一次看到，但是都屬於溫水煮青蛙，各個行業都會出現連鎖反應。

⑤ 內部因素：逃離財富與生活失衡焦慮

這些外部因素說完，我們再看內部因素。作為一個個體、一個家庭，家庭成員就是一個大環境裡的小單位，所以我說的內部因素就是家庭內部因素。

先說家庭資產縮水，假設你家庭資產有 1 億，當然並不是所有中國的中產家庭都有 1 億存款，如果是北上廣（北京、上海、廣州）的家庭，加上房子可能有這個基礎，為方便計算，就按照 1 億來算。雖然這樣計算，但是按照《2023 年胡潤財富報告》的資料，有 1 億資產的中國家庭也只有 13.3 萬戶，到 2024 年已經減少到了 13 萬戶，當然這個數據不重要，

我們只是為了計算家庭資產縮水而舉例。

按照通膨的週期規律來計算，1 億的資產大概在 5 年以後，可能就會縮水 30%，當然我說的是可能，如果你非要拿北京四合院來計算，那就當我沒說。

1 億夠不夠一家人財務自由呢？別的不說，就說我認識的一個朋友在上海的家庭開支。

2 個孩子每年國際學校學費加起來是 56 萬，家庭生活費每年 15 萬，汽油、保養車輛每年預算 10 萬，家庭保險每年支出 20 萬，逢年過節旅遊開支每年 30 萬，這麼算下來，保持一個基本的生活水準，家庭年支出在 130 萬左右。還沒算人際關係的各種日常支出，實際支出更高。

如果不遇到投資騙局、不遇到重大資產通膨、不遇到失業、不遇到金融危機、不遇到家庭成員生病、不遇到老人生病，那麼，你是可以安穩熬到退休的，但是僅僅是熬到退休，如果你想讓你的生活水準提升，隨著通膨增長，是不太可能的，比如你現在住上海浦東約 60 坪、看得到江景的房子，20 年後你想住同樣的房子養老，是不太可能的。

1 億的基礎下，還必須有持續收入來維持開銷，才能保證同樣的生活水準。所以要麼用錢生錢，要麼要有其他的收入來源，才能保證晚年生活品質。

而且，你還得忍受外部環境帶來的影響，比如每天呼吸的空氣、喝的水。當然，你可以選擇每天用純水煮飯、用軟

水洗澡，這些額外成本也得算進生活支出，你的身體在這樣的環境，不出10年，可能會造成身體疾病困擾，比如說癌症、呼吸道疾病、身體器官的病變，你還要把家庭資產的一部分拿來作為看病的準備金。

這個不是危言聳聽，我有好幾個同學，都受到孩子每年冬天生病的困擾，不得不舉家搬到南方，這還是相對財務自由的家庭，才能做出這樣的犧牲，如果你的工作、你的父母等因素，不能讓你隨意搬家的話，就必須提前支出看病費用。當然，我相信大部分家庭是沒有選擇能力的。

你還要為了孩子的教育，選擇學區、學校、老師，維護同事、主管關係、維護孩子老師關係、維護你工作中各種需要打理的關係；還有社會關係，生活中處理各種事情，都得考量人際關係帶來的成本，而且每個環節都不能有任何閃失，否則可能會因為一時疏忽而功虧一簣，你所有的努力都會付諸東流。

按照2025年中1美元兌換人民幣7.2元的匯率，1億元大約是1,400萬美元，移民到美國，你過的是什麼樣的生活？我可以給你保守描述一下。

首先你可以花200萬美元，在美國最貴的加州買一間很不錯的房子，如果預算多100萬美元，你可以每天早上起來看著太平洋喝咖啡吃早餐。

然後你把500萬美元放在股市裡，按照ETF（指數股票

型基金）的收益率來計算，每年保守增值 50 萬美元，如果碰到特斯拉這樣的妖股，你的 500 萬美元可能 2 年就能增值到 3,000 萬美元，那麼你的收益又可以每年 10% 遞增。

我這個預算不是空穴來風，你可以查一下蘋果（Apple）、亞馬遜（Amazon）這些股票近 10 年的收益率，然後再查一下 QQQ、SPY、DIA、VOO 這些美國上市 ETF 近 10 年的收益率（美股 ETF 的投資在第 7 章會介紹）。

當初你的本金是 1,400 萬美元，放在股市 500 萬美元，買房的成本 300 萬美元，還剩餘 600 萬美元，就算你不考慮股票增值的資產，那麼 600 萬美元扣除孩子的教育費用，買輛不錯的房車 20 萬美元，還能帶著 500 萬美元隨時可以用的現金存款環遊美國，5 年也花不了 20 萬美元。

最重要的是，你不需要面對各種複雜的社會關係，不需要維護學校老師的關係，不需要考慮主管關係，更不需要考慮複雜的辦公室政治關係，別忘了還有放在股市的本金 500 萬美元在幫你賺錢，每年最少 50 萬美元收益，你全家根本花不完。還有剛才說的，如果你遇到特斯拉、輝達（Nvidia）這樣的妖股，你的資產會瞬間翻幾倍。

最最主要的是，你實現的最寶貴財富，是你和你的子孫後代都可以在藍天白雲下生活，免除各種環境污染導致的疾病風險，你的孩子不需要面對中考、高考，不需要重蹈你小時候的覆轍。

以上就是高資產家庭為什麼選擇移民的內外因素。當然不可否認,美國社會有很多問題,本書後面的篇章我會講到。我絕不是勸你移民,不是說美國就怎麼、怎麼好,不是這樣,移民只是一種生活選擇而已。

　　漁夫在出海之前並不知道魚在哪裡,可是他們會選擇出發,因為他們相信到了大海才能找到魚,在岸上永遠找不到魚。

　　人生很多時刻,選擇才有機會,相信才有可能。

教育觀、價值觀 對人生有重大影響

　　以前中國人的思想就是傳宗接代,有養兒防老這種封建思維,現在農村很多老人還認為年齡大了以後會有子女在身邊伺候。事實上到了60歲以後,你就會發現,現在的中國家庭,不僅沒人伺候你,你還要替你的子女伺候你的孫子。

　　目前中國社會的整體環境,出生率持續下降,而我們這一代人,只要你不碰車貸、不碰房貸,不要傳宗接代,你就會生活得自由自在。年輕人現在都活得明白,跳出三代之外,不在五險之中,生活自由又自在。

　　這裡我要解釋一下,可能台灣讀者不太理解這句話的含義。意思就是,不要被傳宗接代的思想束縛,可以談戀愛、可以結婚,但是不要孩子。不在五險之中的意思就是現在的年輕人拒交中國的五險一金(指5種社會保險及住房公積

金）。其實不同的經歷、不同的教育觀下，價值觀就會有很大的差異。

我是在中國長大的，我對台灣人上世紀 1980 年代、1990 年代的生活環境不太了解。那個時候中國的父母經歷的是什麼？最大的事情可能就是文革，也叫 10 年浩劫，我外公就是當時經歷過一些刻骨銘心的記憶，所以他才講了很多歷史真實發生的故事給我聽，讓我的價值觀和歷史認知有和教科書不同的理解。

我出生時已經開始改革開放，這是在 1978 年 12 月 18 日後開始正式實施的一系列以經濟為主的改革措施，可總結為「對內改革，對外開放」。所以其實我的出生年代避開了文革，避開了動盪的年代，趕上了中國歷史上最好的時代。但是同時我們 80 後這一代也是比較苦的一代，這個話如何理解呢？

歷史書上最輕描淡寫，卻又最觸目驚心的一句話是：**我們走了一些彎路。時代的一粒灰塵，落到個人頭上，就是一座大山。時代的一個迴旋，於個人，或許就是一輩子。**

二戰後亞洲人均 GDP 最高的國家是緬甸，但經過軍政府 70 年的治理，這個國家已淪為亞洲最窮的國家之一，你生命的 70 年如果恰好與這個階段重疊，你用盡全力，也大概過不好這一生。

類似例子還包括擁有 3 千億桶石油儲量，人口卻不到 3 千萬人、曾經是拉丁美洲最富有的委內瑞拉；擁有 1,560 億

桶石油儲量、1970年代亞太最富有的伊朗。如果你是生活在1979年之後的伊朗，或者是1999年之後的委內瑞拉，哪怕你擁有愛因斯坦的天分和米開朗基羅的才華，你大概也要一輩子戰戰兢兢，苟且一生。

回到剛才那句話，為什麼說80後趕上最好的時代也是比較苦的一代呢？因為我們讀大學時，大學開始收費；我們大學畢業時，學校也不再負責分發工作；我們工作時，經濟最高速增長的年代已近尾聲。

這些都是事實，比我早2年的70後（1970年代），大學畢業還是國家包分配的體制，可以分配到事業單位或者國營企業單位。再比我們早幾年讀大學的都是免費，我畢業正好是2002年之後，改革開放最好的時代過去了，不過網際網路時代來了，也算是一個好事。只不過我們當時剛畢業，還沒有趕上那個時代的紅利，如果說有，那就是那些年進入網際網路企業工作或者在這個行業創業的人。

我們在工作10年後好不容易賺下一筆錢要買房的時候，房價已經漲上了天。等我們要退休時，又會正好趕上推動延遲退休政策。知道了以上這些成長背景和環境因素，就會發現我們這一代人，小時候大部分家庭的孩子，都得不到父母的有效財富情商影響。

我小時候的印象就是家裡哪裡都要節省，捨不得花錢，捨不得扔東西，做事情小心翼翼，不能浪費糧食，不可以對長輩

無理，不能反駁長輩，一切都要按照父母的意思去做。無論再聽話的孩子都挨過打，我小時候挨打的印象至今記憶猶新。

這其實給我們這一代人蒙上了很重的心理陰影，只不過那個時候還沒有心理健康的概念，按照現在的說法每個孩子都多多少少會有心理疾病。這個成長背景對我們以後賺錢的思維也有非常大的潛移默化。

很多人因為長期受父母觀念影響，加上從小被灌輸同樣的思維模式，形成了不敢去做事、膽小怕事的條件反射，而且我們從小對事物的認知比較局限，沒有什麼眼界和見識。懂得少，自然思維就放不開。

我對賺錢的理解其實是後來中國網際網路流行以後，開始自己尋求一些答案。

畢業3年後，我利用家裡的人脈開了一家諮詢公司，從事ISO國際品質體系諮詢，那幾年是我成長最大的時期。我2005年第1次去深圳、廣州和香港，開拓了眼界，增長了見識，才開始對賺錢有了理解。2年左右我憑藉對網際網路的認知，賺到了第1桶金，人生第1個100萬元。

這件事得益於我小時候不能理解父母的生活習慣和風格，我會質疑他們是否是對的，長大以後我開始自己賺錢的時候，發現他們是錯的，其實在改革開放後，很多人憑藉自己的聰明才智賺到了很多錢。

認識的人多了，對比也就多了。在我讀書的時候我就發

現，我的父母還在工廠賺死薪水的時候，已經有很多人做生意，1個月賺的錢比我父母幾年的薪資都多。

2003年，我父親給了我1千塊零用錢，那個時候他的收入有3千元以上了，他可能認為自己收入不錯；我那時候打工的薪資還不到2千元，我可能還會為了3千元的薪資跳槽。

但是我2005年去深圳的時候發現，華強北的一個櫃檯，1天的收入就超過幾萬元，深圳的工廠流水線打工仔1個月收入也有4千元以上了。我當時就震驚了。後來我做過不同的職業和工作，收入也不一樣，當時這些經歷給我很大影響。

最大的體會就2點，對我以後提前退休起到了很大的幫助作用，我分享給各位：第一，借助網路宣傳，尤其是媒體的傳播能力，可以有效放大你的社交範圍；第二，做對別人有剛需價值、有本質幫助的行業才能賺到錢。 後來事實也驗證了我的這個認知。

2005年我開始經營自己的諮詢公司，讓朋友幫我建立公司的網站，那個時候在那個行業屬於先例，靠著這個網站我賺到了錢，後來我回頭看這段過程，當時網際網路宣傳是站在時代風口的一種超前的方式。

2009年我和朋友二次創業做貿易，憑藉我在媒體養了幾年、擁有幾十萬粉絲的微博帳號做廣告，聯繫了幾百家客戶。

2016年我開始從事美國代孕行業，也是憑藉那個微博帳號的影響力，1年簽了200多個客戶。因為這件事幫助到了

很多家庭，是很多不孕不育家庭的剛需。孕育後代是有錢家庭最急迫解決的問題，不孕不育問題恰好又是現代社會人類的廣泛困擾，所以我又一次站在了風口。

一直到 2019 年微博不允許提「代孕」這個話題，當時那個微博帳號的粉絲已經達到 40 多萬，突然被封號，至此我的代孕業務正好完成了轉型，從中國的客戶轉向美國本地客源，然後就是突如其來的全球 Covid-19 疫情，所以也算是完美暫停，所有業務戛然而止，讓我開始再一次思考「接下來做什麼」的這個人生選擇題。

2018 年我就開設美國股票帳戶，代孕的業務賺了一些錢，我買了人生第 1 輛特斯拉汽車，當時覺得這個車很酷，代表了未來的駕駛技術，於是把那 2 年賺到的積蓄投入到特斯拉這檔股票。因為對美股什麼都不懂，買了以後就沒再管，陰錯陽差，2020 年疫情以後在家裡無所事事，2021 年特斯拉股票暴漲，讓我可以提前退休。

2022 年在朋友建議下開設了 YouTube 頻道，真實的故事擄獲了許多粉絲朋友，粉絲們的支持成就了我今天的分享。

教育與價值觀在我成長的歷程中緊密交織，彼此影響深遠，透過自己的經歷，總結經驗教訓，學會獨立思考，這個變化是關鍵。跟我同樣成長經歷的同學、朋友，以及家裡親戚同齡的兄弟姊妹們，大家的成長年代一樣，教育背景一樣，

家庭也大致相同,但是每個人的生活差別很大。

除了性格差異、教育經歷、父母影響,成長過程中形成的價值觀對個人的影響也很重要,我認為,不同的教育觀和價值觀會對一個人的一生產生重大影響。

在我的經歷中,我認為促成改變的關鍵有幾個,一個是膽子大,一個是思維方式,一個是獨立思考,最後就是我的認知讓我知道,我要從比我強的人身上學習別人的思考模式和價值觀思維。

窮與富核心差異 「認知」對財富的影響

我上學的時候,尤其是大學時期,幾乎所有家境不是那麼好的同學,夢想就是有錢,但是那個時候根本不懂得有了錢要做什麼,只是知道必須有錢,但是怎麼有錢,幾乎所有人都是無解的。

窮人家的孩子似乎背後的本質是一樣的——都迫切渴望改變自己的生活環境,而且都希望有一個快速致富的方法,所以,被騙的人幾乎都是本來就挺窮的人。

也許我的解讀不能解決窮人如何翻身的難題,但是我非常清楚一件事,就是**對於窮人的孩子來說,你必須先明白自己的原生家庭為什麼窮,你只有正確認知自己所處的環境,才能知道從哪些方面去改變,改變認知是財富的第 1 步。**

下面是我總結的窮人和富人,在生活中的習慣以及思維

方式的一些不同點，不妨對照自己的原生家庭，看看有沒有相似的地方。

一、社會資源

社會法則運行到現在，無論是中國還是其他國家，特權階層、上層社會子女占據了絕大多數的資源，窮人家的孩子從一開始就已經輸了，根本不可能贏在起跑點上。

有的人沒出生的時候，就已經有金鑰匙在等著，先不說生活中的各種不一樣，就說前些年那麼多人赴美生子，為什麼？不就是中國所謂的中產階級群體想透過最簡單的方式，讓後代有一個更好的受教育機會和生活環境改變的機會嗎？

美國洛杉磯有很多早年台灣人開的月子中心，其實從這個需求來說，中產階級家庭渴望改變後代命運的想法都是一樣的。可是單單說這個群體，你赴美生子，人家就生活在美國，你生完把孩子抱回中國，那麼你從這個區別開始，從同等社會階層來看，就已經落後了。

再然後孩子上學，接受教育，你說我們生活在美國的就一定是贏了嗎？未必。

生活在哪裡都分三六九等，只要是人就有貧富貴賤之分，所謂眾生平等只是窮人的自我安慰罷了；所謂工作不分貴賤，也僅僅是針對底層的洗腦話術。你說都是在同一個加州，甚

至同一個城市，住在千萬豪宅裡的孩子和住在百萬房子裡的孩子就有著巨大的差別，而百萬房子的人和貧困社區的人又不一樣。社會分工不同，任何工作都需要人來做，階層差異就在無形中形成。

富人的孩子從一出生就已經占用了社會上最好的資源條件。住在上億豪宅裡的孩子，也許並不知道世界上還有人住200萬、300萬美元的房子。我曾經講過一個故事，有錢人家的孩子，認為把法拉利換成賓士就已經很窮了，把3層別墅換成3房2廳就已經是居住下限了。

富人的孩子，將來迎接他的是最好的私校，最好的家庭教師，我們的孩子學一門才藝，上1小時100美元的鋼琴課就算是比較奢侈了，但是富人家的孩子應該可以請國際鋼琴大師到家裡去上課，至於費用1小時是1千美元還是2千美元，對於我們來說已經沒那麼重要了，反正我們也花不起那個錢。

我們向下對比也是一樣的，對於很多底層窮人家的孩子來說，父母每天做好幾份工，孩子能上得起公立學校就算是不錯了，更不要提什麼課外輔導，他們的父母也沒時間接送，有那個時間還不如去賺錢養家，於是孩子放學以後就是和同學一起撒歡兒跑著玩，或者在家打電動、看動畫。他們從小得不到優質的教育資源和環境，只要不學壞、不吸毒、不打架，就算不錯了。

💲 二、社會認知

這麼講吧，富人家的孩子從小就有了一定的見識，10 幾歲的孩子，周遊世界 30 個國家，知道劍橋、牛津、哈佛、史丹佛等知名教育機構，了解世界基本歷史，家裡的長輩可以傳授他們更多知識，耳濡目染，閱歷豐富，不僅讀萬卷書而且有機會行萬里路，這些孩子心智成熟得比較早，很早就了解世界的規則，對「人性」也已經提前做好了功課。

窮人家的孩子在見識方面就非常局限，所謂的窮人孩子早當家，只是在極端的生活環境裡，掌握了更多投機取巧的生存技術而已。這些所謂成熟，也許只是自私、虛榮、察言觀色、投機取巧，甚至是見人說人話、見鬼說鬼話，而放棄了誠信和真實。

這些社會底層的生存邏輯根本不太可能讓孩子心智成熟，只是知道如何活著，他們見識到的人性可能更加邪惡，而那些有條件接觸更廣世界觀的孩子，看到的人性，往往是成熟社會裡的遊戲規則──禮貌、法規、誠信、熱情、專注等更積極的一些因子。總之，窮人家的孩子心智及認知成熟的時間，比富人的孩子更晚。

但是窮人家的孩子混社會的本領會更強，不過只是底層社會的各種生存技巧。我時常跟我的孩子講，「我就是普通人，你們也是普通人，將來你們的孩子大概也是普通人，但是我們不能因為自己普通就自我否定，我們要在普通人裡過

好自己的人生。」

　　也許講人生有些抽象，說的具體一點就是，你們做好你們這個年齡應該做的事情，該讀書的年齡就認真讀書，學習的時候就認真學，從小做一個守信用的人，生活細節一定要養成良好的習慣。

　　比如說男孩子要知道每次上廁所用紙巾擦拭馬桶周圍，用消毒濕巾清潔廁所的地板和馬桶，每次洗完臉、洗完手要清理洗手台，自己屋裡的東西要擺放整齊，早上起來要疊好床鋪，用完的東西放回原位等等。這些可以養成的生活習慣，要形成肌肉記憶，我認為這些好習慣是讓孩子長大以後，可以終身保持良好生活的具體細節。

　　在美國長大的孩子會受到一些環境影響，比如說隨地而坐，這是學校裡養成的不好的習慣，還有衛生方面，很多美國家庭的習慣對於亞洲人來說很難理解，吃飯吮手指頭、光腳走路、書包亂丟、開車時吃東西、走路端著馬克杯、上床不脫鞋、用衣服擦手等，所以不同的環境影響很大。

　　我認為亞洲的教育環境以及生活習慣、衛生習慣會對孩子有更好的影響。從細節可以看出來這個人的家庭教養。根據每個年齡層，從細節開始做好自己，讓自己更優秀，要向優秀的人學習他們的優點，要及時發現自己的問題並糾正。

　　我非常慶幸自己對這個社會的認知已經到了足夠成熟的地步，我也有經濟條件讓小孩在各個方面提高自己的認知度，

所以我的一言一行也是孩子們參照的範本，我也很自信我可以做好這個範本。

💲 三、引路人

社會底層窮人的孩子，從出生就缺乏能指引人生方向的導師。以美國來說，那些非常非常差的學區，中學生放學可能就跟父母兄弟去賣毒品了，10幾歲開始抽菸，可能就是他們噩夢般人生的一個十字路口。

這些孩子得不到家庭的有效指導，他們的生活充滿著低俗的髒話，他們不得不透過打架得到那個群體的認可，他們的引路人就是帶他們走向人生墳墓的推手，監獄可能是他們最終的歸宿。

而有條件的家庭，長輩本身都是社會上比較成功的人，他們的人生意見，哪怕只是一句話，就會對孩子起著決定作用，將會影響孩子的一生。

窮人家孩子的創造力很早就被扼殺，來自家人的打擊甚至辱罵，可能占據他們生活的主要重心。在他們的生活裡缺少一個引路人，更不會有人鼓勵他們做自己喜歡的事情，他們的童年都在背負沉重的家庭壓力中度過。

所以我一直跟我的孩子講窮山惡水出刁民的道理，我的生活經歷遇到過很多次窮則生惡的例子，我說永遠都不要跟窮人打交道，雖然我們也不富，但是那種特別窮的人一定要

遠離，你可以尊重他們，但是你不能跟他們打交道。為什麼？因為我的經歷告訴我，窮和淳樸根本掛不上等號，淳樸的人一定是有生活閱歷和富有的人，哪怕這個人不是那麼有錢，但是也一定不缺錢。

我們最怕就是缺錢的窮人，永遠為生計發愁的群體，絕大多數不會那麼善良和有同情心，因為一旦善良，他們的生存就會出問題，弱肉強食法則在底層窮人之間就是互害模式，這是亙古不變的真理。

四、試錯資本

錯一次永遠翻不了身，這種危險導致窮人的孩子不敢有任何冒進的想法，因為他們輸不起。有錢人的孩子，就算你不是這個社會的頂尖群體，也有試錯的條件。你可以不斷去實踐，哪怕做不到，你也有嘗試的勇氣。因為家庭會做他們的後盾，大不了做不成，回來也過得不差。

而窮人家的孩子錯一次，可能會導致一輩子被打入更難翻身的境地，自己撞到頭破血流才明白社會法則，之後就會踏踏實實做一個徹底的底層人民，再也不敢輕易嘗試翻身的機會。

遭遇打擊後，就算機會擺在他們面前，他們也不相信這是機會，且他們會把這種膽怯傳授給孩子，一代一代窮下去。就像愚公移山的故事一樣，愚公的孫子，孫子的孫子，永遠

都是死腦筋，遇到山不是想辦法繞過去，而是試圖把山移走，那不是什麼永不放棄的精神，那就是腦子有問題，這種愚昧會遺傳的，一旦有子孫試圖繞過這個山，就會有長輩告訴他們，不要癡心妄想，要堅持。

堅持什麼呢？堅持做一個聽話的傻子，這是祖輩總結的正確的經驗，你必須這樣做。**因為世界觀的局限性，因為價值觀的約束，他們會一代一代錯下去**。試錯對於他們來說，要付出很大的代價，他們不敢也不能去試，只能按照一個大家都認可的上升通道去努力，不管這個通道方向是不是正確都不重要，只要他們身邊的人都認為是唯一的路，就是對的，哪怕是逆行，都不重要。

⑤ 五、階層感受

窮人的生活圈子，每天就是攀比，你有我也有，你開 20 萬元的車，我開 30 萬元的車；你家孩子學舞蹈，我家孩子學鋼琴；你給孩子買 1,000 元的鞋，我買 1,500 元的衣服；你家今天去海南度假，我家明天去草原吃羊。

窮人的認知裡就是我要比你好，而不考慮自己的條件，很多消費都是超前消費、借貸消費，完全超出自己的能力。得瑟完了以後，最後大家發個社群貼文炫耀一下，獲得一些讚美，然後打開帳單，開始拚命賺錢還信用卡費，還不起就分期消費。

富人群體根本不會去比較誰吃得好、用得貴、玩得多，因為這些對於他們來說是最基本的生活方式，他們會互相學習，你家孩子現在小學，多大開始找教練學足球、學籃球、學棒球，孩子對哪個有興趣，就給他找專業教練培養，大人們在一起交流如何投資，買哪些股票，怎麼讓存款達到穩定的年化報酬率，怎麼投資房子可以得到更高的租金收益。然後呢？富人更富，窮人更窮。

儘管大家都消費了，窮人消費的結果是虛榮心，富人消費的結果是獲利。過程可能一樣，結果完全不同。

富人的朋友越來越好，窮人的朋友壓力越來越大。你可以注意一個細節問題，窮人群體的家庭成員，經常為了雞毛蒜皮的事吵架，甚至會為了錢而彼此傷害；富人群體大多家庭和睦，平時不會為了小事發生矛盾。當然富人的財產分配會很狗血，所以不留遺產是非常明智的作法。

💰 六、急於求成

大約是我來美國的第 2 年，有一次，一個中學同學問我，現在做某件事情是不是利潤還可以，我說利潤一般，但是做起來很有意義，能幫助很多人，我累積的不在於每個客人能賺多少，而在於累積了這麼多年，客戶越來越多，客戶多了，信任度高了，自然就賺到錢了。沒有什麼捷徑，我想表達的是客戶數量和賺到的錢成正比。

我那個同學接著說，他現在工作沒什麼發展，就是每個月領死薪水，想改善家庭生活條件，如果他介紹客戶給我，能抽多少錢？我把市場合作佣金行情講給他聽，一共不到1分鐘時間，他聽了兩句就沒耐心了，說：「你這個行業也沒什麼賺頭呀。」

我說是的，醫療服務行業在美國本來就沒什麼利潤，完全靠客戶口碑生存，佣金也是市場統一的標準。他最後說：「算了，我認識的那個人也不知道會不會去美國。」然後就開始問我在美國做什麼可以賺得多。

我不太想跟他聊了，其實任何行業都沒有暴利，美國是一個成熟的市場環境，根本不存在一夜暴富的行業，除非你買彩券，可是如果你把人生寄託在彩券上，你可能到死都會活在不斷地失望當中。

過去3年裡，我的YouTube頻道也累積了一些粉絲資源，然後我同學看到了又來問我：「你做自媒體賺得多嗎？」

我把曾經做的一個分享影片給他看，告訴他後台數據，不出所料，他又一次失望了，覺得我這純屬自娛自樂。他問我做這個頻道意義是什麼？我說我樂於分享，這本身就很有意義，對我來說有價值就值得去做，我們的對話又一次戛然而止。

看到沒，**窮人思維總是急於求成，都希望一夜暴富，他們不了解任何行業的成長都是靠時間累積出的複利效果與邊**

際利潤的擴張，最後才會迎來爆發的階段，而這段過程中的風險，他們都會認為是不值得的，對於前期需要投入的精力和資金，他們都會很排斥。對於一個不怎麼賺錢但是有意義的事情，只要不能快速賺到錢，他們都會覺得沒價值。

以上就是認知的差異導致的貧富差距，認知的不同對財富的影響。

為什麼會窮？窮人個性的共通性

了解窮的根本原因，才能杜絕窮的因素發生在自己身上。窮，肯定是有原因的，有的人一生都窮，有的人會扭轉乾坤，我觀察了我知道的或者是認識的人裡，窮的原因，大概有下面幾點：

ⓢ 一、特別愛計較

我認為這是窮的主要原因，他們往往喜歡在一些無聊的事情和人上浪費大量的時間精力。俗話說，狗咬你一口，你也要咬狗一口，說的就是這樣的人。

人一生當中會遇到很多事情，也會遇到很多小人，比如說某一段時間中國高鐵上關於小孩教育的影片，很多人看了，或者真實生活也遇到過類似的事情：一家人帶著孩子，孩子吵鬧影響周圍旅客的心情，家長就跟所有人吵架。其實我對這件事情的看法是，如果我遇到了，我不會跟他們說一句話，

因為這樣家庭教育的孩子就不可能有素質,你跟家長較勁只會惹一身不愉快。

讓你有限的生命躲開那些垃圾,這樣你才能保持愉快的心情生活和工作。做任何事情,只要心情愉悅,就不會變窮,窮人身上的那種負能量是非常可怕的。

我經營自媒體,也會無意中招惹到一些垃圾小人,多數時候我就是一笑了之,不予理會。我不會把這些負面情緒帶入自己的生活,甚至所有工作中遇到不好的事情和人,我都不會跟家裡人講,因為我無視這些負能量的垃圾,你越是重視他們,他們就越把小人的那種尖酸刻薄和無能表現地淋漓盡致,你看到什麼樣的言語和行動,他們就配過什麼樣的人生。

⑤ 二、窮人多疑

你可以發現身邊的窮人,基本上就是什麼都不相信,什麼都會質疑,他們沒有自己的判斷,也不會判斷,他們每天接受新鮮事物的管道是固定的,沒有基本的分辨能力。

舉個例子,大概在比特幣價值人民幣 500 元的時候,有人介紹我說這個東西是個新鮮的事物,可以投資一些試試,我當時覺得這個人有毛病,把他的訊息刪了。

結果比特幣在 6 萬美元的時候,一個朋友跟我聯繫,說他當時買了 10 個比特幣,帳戶一直都忘了,直到前一段時間

比特幣持續走高，他找到很多年前的筆記本翻出來帳戶密碼，打開一看，當初的 5 千美元，現在變成了 400 多萬美元，他當時就有點懵了，趕緊把這筆錢變現，付了頭期款，買了一間房子投資。

透過這件事，我的總結就是我當時的認知太低，所以不敢相信任何新的投資，我就吃過這個虧。

三、窮人不敢做

我大學畢業進入到認證行業的時候，什麼都不懂，但是我覺得這是一個機會，所以花時間精力去學習，認識了產業大佬，在網際網路發展初期利用網路宣傳，靠著自己的堅持，才有了第 1 個 100 萬元的故事。當時有同學問我，他們能不能也去學習，我說可以，我能幫忙介紹好的老師，結果沒有一個人去，因為他們覺得學費貴，而且學完了也不知道怎麼聯繫客戶。

直到我畢業後 4、5 年賺了上百萬的時候，別人不知道我賺了多少錢，但是就覺得我消費跟他們不一樣，出手大方，又問我還能不能學習進入這個行業，然後跟著我幹，我說我已經不全職做了，我當時想提升自己的認知和經驗，去了媒體，但是我做標準認證的那個領域一直沒丟，只是不當成全職工作而已。

當同事為了工作獎金抱怨累的時候，我總是搶著做一些

加班的工作，有的人可能覺得我傻，實際上我不在乎那點獎金，我是為了提升自己。雖然那個時候不知道以後會有什麼幫助，但是我知道經歷多了，一定會對自己有幫助。

💲 四、窮人經常抱怨

「起得比雞早，睡得比狗晚，吃得比豬差，幹得比驢多」，這是社會上很多人的真實生活寫照。他們指責社會不公，捶胸頓足，感歎世事艱難，慨歎懷才不遇、機遇難求。這也讓很多人抱怨，自己工作明明這麼努力，為什麼還是這麼窮？這個社會一點都不公平。

真的是社會不公平嗎？當然不是，就算是那些富二代，他們的錢也不是父母白撿的，作為一個富一代，也是他們自己做出來的成就。

這個世界上應該沒有多少人不希望自己有錢吧，但是真正有錢、成功的人卻不多，因為窮人總是抱怨，總是覺得生活不公平，總是覺得自己是千里馬而遇不到伯樂。但是實際，他們並不是千里馬，卻總是有這樣的錯覺，才會有心理期望值和實際生活落差的結果出現。

真正有能力的人、有錢的人，從不會抱怨，因為抱怨是一種心理暗示，抱怨多了，心理的不滿多了，對別人的嫉妒多了，命運自然就不會眷顧喋喋不休的人，因為財富喜歡有正面心情的陽光的人，不喜歡內心陰暗的人。

💲 五、窮人總是找藉口

無論是工作中還是生活中，窮人的思維就是，誰比我強，就肯定有問題，給自己找一堆藉口，人家漲薪資了，說人家跟高層有關係；人家拿獎金了，說人家會走後門；人家當主管了，說人家作風有問題。總之，只要是看到比自己強的，總是別人的問題，從來不找自己的問題，他們從來不會覺得，別人賺到錢，升了職，拿了獎金，是別人努力的結果。

我讀書的時候不是學品管的，也不是天生懂試管嬰兒、懂代孕、懂股票，但是我把大量的時間花在研究這些問題上，又累積了那麼多經驗，你們才看到我今天在影片裡侃侃而談。

第 1 次創業做體系審核的時候，我跟著審核員一個個標準去核對，一個個工作流程去整理，一個個標準流程去監督執行，做一個案子我就總結一個案子，下一次談客戶的時候就用得上，專業的經歷會讓客戶源源不斷，這是我人生第 1 次賺到很多錢。

第 1 次做美國試管代孕業務的時候我也是門外漢，我從中國飛 1 萬多公里到美國的醫院，和醫生護士交流，搞明白專業術語和操作規範，搞懂法律問題，客戶找到我的時候，我可以用專業的流程和法律規範解讀去說服客戶，獲得信任，這是我人生第 2 次賺到很多錢。

做股票賺到錢以後，我更認真研究股票操作，研究歷史資料，分析經濟資料對於股市的影響，深入研究個股的基本

面,看周轉率、成交量、均線、公司損益平衡點⋯⋯做多了自然對股票有了基本的判斷和操作經驗,這是我人生第 3 次也是目前最後一次賺到很多錢。這一次讓我可以提前退休了。

六、窮人命裡不留錢

因為他們好大喜功,不了解市場規律,很容易被表面現象給蒙蔽,攤子喜歡鋪得很大,最後管理和市場都跟不上節奏,導致了錢財損失。我還是以我做過的行業舉例,因為我做過所以我最熟悉,也有發言權。

從時間來說,10 多年前,我已經不專職做品質體系審核的工作了,只保留一些大客戶,由我對接協調,這個時候有人找到我,說想開一間認證的諮詢公司,我說「你在的市場不行」,他不太相信,覺得我都能在這個產業賺那麼多錢,他也想試試,結果一頓飯下來,我分析的市場理由,他都給否決了,甚至覺得我是不想讓他賺錢。

後來他就投資了 100 多萬,開了一間諮詢公司,辦公室裝修精美,我苦口婆心勸他:「這個行業幾乎沒人去你辦公室,你只要上游的資源足夠厲害就行了。」他不信,辦公室弄好還請我去喝茶,有點兒炫耀的意思。我只能說恭喜,我還能說什麼!

1 年多以後,這人把我叫到辦公室,一把鼻涕一把淚,說後悔沒聽我的,說開公司貸款,房子都抵押了,結果房

法拍，老婆離婚了。這都是我親身見過的事情。

💲 七、窮人做事情沒原則

定好一個標準，你的產品、你的服務就值這個錢，勞斯萊斯從來不降價，勞力士從來不打折，香奈兒每年漲價，就是這個道理。你用所有的資源去服務一個大客戶，遠比你用分散的資源去做 5 個小客戶的成本代價要小很多，這意味著你的利潤率很低，導致的結果是客戶不滿意，時間成本和維護成本大大增加。

為什麼奢侈品只服務有限的客人，因為時間有限，有條件的客人也不會跟你廢話，你賣 1 個百達斐麗，頂 10 個卡地亞，1 個卡地亞，頂 100 個卡西歐，卡西歐的店員大部分時間都用在跟客戶溝通上，人家 1 個百達翡麗的店員 1 個月賣一隻錶說不了 10 句話，你賣卡西歐 100 隻錶可能需要 1 個月。你面對什麼樣的客戶，你就賺什麼樣的錢，當然前提是你的水準和專業度足夠強，否則你不可能有口碑。

第 2 章
讓生活重啟
為什麼我選擇奔向美國？

上一章我們說了移民的內外因素,而具體說到我們家移民美國,說起來其實挺簡單的,我也是首次在本書公開這件事。

我的外公,前面交代過了,是抗美援朝戰爭的一名軍人,退役幹部。我的童年大部分時間是跟著外婆、外公長大,外公從小給我講過很多韓戰的故事,歷史背景這裡不談,本書不是歷史書,不熟悉的年輕讀者可以去自己科普這段歷史。

出國念頭從小扎根 移民申請一次就過

我外公是一個見過世面的人,1970 年代,因為他在部隊修過坦克,讀過書,認識字,被國家派往非洲馬里援助非洲建設,經常往返非洲和法國,他經常講這些經歷,他讓我有機會一定要出國看看,說和中國是不一樣的。所以出國這個念頭,從小就在我內心扎根。

2015 年我第 1 次到美國旅遊,偶然的機緣巧合,開始和美國試管診所及代孕機構合作,從事這個行業的仲介服務。2016 年有 3 件大事必須記錄:一是我透過美國試管代孕賺到的錢,還清了我在中國做生意欠的債;二就是我們的兒子在美國出生;第三就是在生孩子期間,認識了後來幫我們辦理移民的律師事務所,2016 年底由於工作關係我經常往返中美,決定委託認識的律師事務所開始辦理傑出人才移民的流程。

傑出人才，也就是通常所講的EB-1A。在2016年的時候，中國人辦理這個管道的移民方式還不多，那個時候大部分人認為傑出人才好像都是世界冠軍、知名作家、藝術家才能辦理，所以當律師事務所向我介紹這個方式比較容易的時候，我有一些懷疑，不過因為費用不高，我的收入來源又主要在美國，所以就抱著試試的態度開始準備。

　　沒錯，我們是這個律師事務所辦理的第1例EB-1A客戶。

　　經過綜合衡量，我的工作經歷比較複雜，唯一做得久的是ISO品質體系認證這個行業，但是最近一些年也沒有持續做出什麼成績，而美國傑出人才的要求就是在一個行業領域持續做出成績，所以經過初步評估，律師建議由我太太做主申請人，她從中國的一所知名院校畢業後就從事音樂藝術行業，是知名樂團的演奏家。由於當時我們申請移民的時候，她還在那個樂團擔任重要職位，所以這件事從來沒有公開過，本書也是首次披露，原因是她現在已經不在原單位任職，不涉及保密的問題。

　　整個移民資料的準備是我一手操辦的，期間和律師反覆溝通，蒐集以前工作的成績，有些資料因為年代久遠，不太容易找到。經過半年多的準備和反覆溝通，我們終於準備好了所有資料，在2017年5月遞交了申請，急件申請是14天內得到答覆，到了最後一天還是沒有任何結果，作為律師事務所的第1個傑出人才案例，律師的心情比我們還著急，我

們本來就是試試看的態度，也沒抱太大希望，所以心態上就比較穩定。

美國時間 2017 年 5 月 27 日，北京時間 5 月 28 日早上，我的手機收到律師的訊息，一次通過，沒有補件要求，到此我們的美國移民計畫才正式開始，通過移民局審核以後，我們正式考慮搬到美國新生活的問題。

我想說的就是，拿到綠卡只是第 1 步，真正在美國生活，面對陌生的環境、陌生的制度、不同的生活環境、孩子的教育、語言能力提升等等，相對於拿到綠卡，真正在美國生活對很多人來說才是更難的事情。我們搬家到美國算是生活的重啟。

我非常慶幸生活在一個非常明理的家庭，家中父母都是認知都有一定高度，對於移民這件事贊同而且支持。

2025 年是我們全家在美國生活第 8 個年頭，這 8 年磨沒了我的故鄉情結，我自認為不是戀家的人，戀家的人不太可能移民。移民最主要的是要克服故鄉情結，而我從小好像就沒有這個情節的束縛。

我們這代人小時候看的最多的影視作品就是《小兵張嘎》、《渡江偵察記》、《永不消逝的電波》這類抗戰題材的電影，我曾經問外公，國民黨是不是壞人？外公說，好壞不知道，但是從來沒挨過國民黨的打。言外之意是他經歷的那段歷史，心裡這口氣還是難以平復。

十幾歲的時候，對於外公的話並不理解，直到 2017 年，我第 1 次到台灣旅行，瞬間找到了小時候問過的問題的答案。

台灣讀者可能不太理解我的感受，對於一個從小接受愛國主義教育，戴著紅領巾，每週學校升國旗長大的中國孩子來說，無論是成長經歷還是走進社會以後的生活感受，各個角度都很羨慕台灣人民，你們至少上網不用翻牆吧！

其實中國的文化中有很多儒家思想的影響深入人心，讓中國目前社會形態在一個循環中，每個人幾乎都離不開這個循環，這個循環怎麼解釋呢？

商鞅和李斯是代表人物，他們就設計了普通人努力奮鬥、但又親自驗證了結局的制度。商鞅奠定了華夏法治的基礎，最後被車裂而死；李斯幫秦始皇奠定了六國統一，但是被腰斬而亡。

在我有限的認知中，中國人民生活中好像人人都渴望特權，但是又仇視特權，原因是自己沒有特權。

如果人類制度的設計者存在私心，那麼權力就是核心，以此為核心的社會運行法則下，人人都以獲得更多權力為目的，為達目的不擇手段，但是這個成功的過程又經不起推敲，最終還是被控制在更大的權力之內。

如果說小時候的成長經歷是後來移民的潛在原因，那麼後來在美國真正生活了幾年後，把我內心那一點故土情結給磨滅了。

現在坐飛機到世界任何地方都很方便，時差最多不過1天，我已經實現了可以全球旅居生活的能力，如果不是孩子讀書的因素，可能我早就開始環遊世界了。客觀講，在美國生活久了也會厭煩，美國的種種不方便，也是客觀存在的事實。

觀世界，才有世界觀，很多人說世界就是一個隨便搭起來的野台戲，我覺得可能膚淺了，野台戲子也需要演員，而你最多只是個觀眾，真正能上台唱戲的需要有點實力。看得再透，也需要實力夠。

移民美國 我失去了什麼？

作為一個普通人，我就想從一個普通人的視角，從第1代移民的角度，來談談中美兩國的環境差異，還有移民美國後我失去了什麼。

作為中國人移民美國，可能最容易遇到的問題就是資訊差，幾年前我在社群發了一句話，引起很多人的共鳴，我說人生最大的鴻溝，就是在決定移民時遭到來自家裡長輩的強烈阻撓。

我們全家已經來美國生活第8個年頭了，越來越接受自己生活在這片土地上，我已經拿了美國護照，我就是美國人的這個事實，而且我的孩子，我的子子孫孫未來幾代人都將是美國人。那麼作為第1代移民，我失去了什麼呢？

作為第 1 代移民,我覺得我最大的失去,就是失去了鬥志。

過去的工作經歷,讓我學會了很多寶貴的人生經驗,我覺得我是賺了,我不僅賺到錢,而且比別人多了幾倍的經歷,這些當然為我移民美國奠定了基礎,但是來到美國以後,我徹底失去了鬥志。

在我拿著移民簽證坐上南航 380 飛機的那短短 11 個小時行程,我買了一個 Wi-Fi,刪掉了通訊錄裡 3 千多人,我知道我這輩子都不可能再跟那些人打交道了。我感到了無比的放鬆和愉悅,從洛杉磯機場走下飛機的那一刻,呼吸著美國土地上那一口新鮮空氣的時候,我徹底沒了奮鬥的勁兒。

初期,我忙於工作,還有一些人際關係需要維護,過了 40 歲生日以後,我就更加沒有了當年奮鬥的力氣,用一個詞形容就是得過且過,我每天睡 10 個小時,跟我最親密的就是床。這些年我在美國的生活習慣,就是有需要的時候才看手機,以前在中國的時候是手機不離手。

第 2 個失去的是親戚朋友的各種來往。我對家鄉的概念不是特別在意,心安之處即故鄉,對於孩子來說,父母在哪,哪裡就是家;對於成年人來說,你在哪,你的家就在哪兒,我在哪裡買房子,哪裡就是我們的家。這些年確實失去了各種親戚的來往,由於大家生活不在同一個環境,也就沒太多連絡。

第 3 個失去的是少了各種無效社交和應酬。逢年過節的人情來往,不僅僅是部門主管、社會關係,越是基層的管理者,越可以給你平時的便利。社區門口、辦公室裡的保全,做生意時商場的樓層課長、處長,稅務局的基層專管員,工商局的基層監督員,都是不可缺少需要考慮的人情。

我來了美國以後完全沒有這些擔心,幾乎是完全杜絕了無效社交,我的公司納稅多年,到現在沒見過稅務局的人在哪,大門朝哪開,平常也沒有任何政府部門的人找麻煩,更別提請客吃飯這些亂七八糟的事情了,在美國一次都沒有。

第 4 個是失去了本來就非常不喜歡的居住環境。人可能都是對自己生活久了的環境有些厭煩,加上我從小渴望出國,移民美國以後很多中國朋友說我過上了自己想要的生活,不過人是喜新厭舊的動物,在美國生活久了,現在又覺得美國地廣人稀,生活不方便,又想去亞洲國家生活幾年,所以未來幾年我可能都會旅居在亞洲國家。

第 5 個是失去了很多煩惱的事情。在中國時煩惱的事情很多,人情往來是我不太喜歡的,來了美國以後就沒那麼多禮尚往來、人情世故。

來美國生活的第 8 年,我的生活更簡單,社交範圍更小,甚至是無社交,身體更健康,每天都有時間運動,我失去的那些東西讓我覺得生活更加輕鬆。念書時讀過的「寵辱不驚,閒看庭前花開花落」可能就是我現在這種心態吧!

中國 vs 美國 教育與環境的差異

談到環境對人的影響,最大的應該是教育,我們從小接受的是應試教育,亞洲國家的教育理念和歐美國家有著根本的不同。

歐美國家強調的是個性化教育,也就是所謂的快樂教育、鼓勵教育;亞洲國家普遍是升學教育和考試教育,有利有弊,我不覺得哪種更好、哪種不好。乍一看,你會覺得歐美國家的孩子更自信,亞洲的孩子比較壓抑,尤其是中國和日本的教育,學生的壓力比美國大。

實際是這樣嗎?我覺得都是表面現象。歐美國家的精英教育並不輕鬆,快樂教育也只是給窮人的心理安慰罷了,讓你快樂做牛馬,快樂被管理,快樂過著普通人的生活,一日三餐,得過且過。

美國的橄欖形社會結構決定了中產階級占據社會大部分的群體,這部分群體不愁吃喝,收入中上,不算差也絕對不算高,但都安逸於這種現狀。

對於中國的教育,有兩種評價是最多的,第一種,中國是應試教育,沉迷於考試,培養出來的孩子死記硬背,沒有創新;另一種評價是,中國的教育讓學生具備了扎實的基本知識,尤其是數學方面。

我對中國的教育和美國的教育做一個表相對比,因為我不是教育專家,對於深層次的東西沒有資格和經驗去評價,

我從小接受 9 年義務教育、我的孩子在美國接受了幾年幼稚園和小學的教育，我只是從看到的表面現象進行一個普通人視角的評價。我的評價都有據可依，都是客觀真實的，不會夾雜任何個人的態度。

我相信大多數中國的孩子都有過這方面的經驗，老師的行為和評價會影響一個人一生。比如說忘了戴紅領巾要罰站，沒寫作業要罰站，沒穿校服要罰站，沒有帶作業本要罰站……這些小事大家都經歷過，但是我 30 多歲到了美國以後才知道，我們經歷的這些就屬於體罰，是一種虐待行為。所以不難理解，中國人普遍受氣後忍氣吞聲，因為從小老師就把我們教育成對於自我侵犯行為習以為常的態度。

你說美國的快樂教育就只有好處嗎？並不是，老師的鼓勵誇獎會讓孩子更自信，同時也教育出來一些盲目自信的孩子。3 年級還只會做 10 以內的加減法，9 歲還不知道八分之一和四分之一哪個大，哪個小；明明沒那麼聰明，卻自以為是，明明從來沒怎麼出去見過世面，半輩子生活在一個州，卻自信地認為美國就是全世界。

謎之自信就是美國很多人的認知方式，這種自信導致了生活中的行為和心態，這也是美國社會相對穩定的基礎。很多人在一個普通職位可以做一輩子，我 2016 年去加州聖地牙哥一家星巴克買咖啡，2018 年我再去這家星巴克，看到的還是同樣的面孔，直到 2020 年我搬家離開，那家星巴克的店員

都還能見到 4 年前的熟悉面孔。這種情況在中國不太可能，幾個月不去可能就換人了。美國中產階級的工作流動不頻繁，除了相對較高的福利待遇外，他們從小接受的鼓勵教育可能是一個重要因素。

中國的教育功利化日益嚴重，一直以來的教育目標就是升學率，對於絕大多數孩子來說，一考定終身。**這樣的考試環境，磨滅了多數孩子的創造力和想像力。**

但是這樣的體制也確實有利於學生學習基礎知識，老師的嚴格要求、抄寫作業，讓我們的基礎知識掌握非常牢固，至今畢業很多年後，小時候學過的化學公式，背過的古詩詞，依然有印象——儘管沒什麼用。

然而，中國的教育領導者目光短淺，缺乏德育教育和心理教育也是普遍現象。

大部分學校由於升學壓力，考試成績仍然是評價老師的一個標準，德育工作和心理教育基本上處於逆向狀態，成績壓倒一切，培養出來的孩子多數心理不健康，以至於長大以後，多多少少存在畸形的心理問題，比如說為苦難叫好，為權力而興奮，而且絕大多數中國人都有，如果哪個人沒有這樣的價值觀，那就是大家眼裡的有問題的人。

中國的教育從小就樹立仇恨、權力和金錢的力量，對小學生甚至幼稚園的孩子都造成終身無法糾正的錯誤價值觀，最典型的就是日本鬼子、洋鬼子、韓國棒子、白皮豬、黑

鬼⋯⋯這些帶有嚴重侮辱性的詞彙。

我一直到19歲,開始接觸網際網路了,那個時候還是沒有網路防火牆的時代,我每天沉浸在電腦螢幕前,知道了大量的歷史事實,才懂得所謂的南京大屠殺到底怎麼回事,所謂的盧溝橋事變的原由,所謂的日本鬼子到底怎麼把東三省經營成了亞洲第一,所謂的八國聯軍是怎麼保護了慈禧太后一把大火下的文物,所謂的洋鬼子到底給中華民族輸入了什麼樣的文明。

知道了這些以後,當美國911事件發生,全校同學大部分都在歡呼鼓掌的時候,我默默從教室走開了。

中國的教育環境中,教師的普遍素質導致了學生的水準比較落後。我的中學英文老師,是一所明星大學師範專業畢業的,但是她很多發音都和我聽答錄機英語磁帶的發音不同,可是那個時候沒有網際網路,學習英文的途徑有限,普通家庭沒有什麼好辦法學習正確的、標準的美式發音。

2005年當我第1次走出國門,用蹩腳的單字跟餐廳服務生點餐的時候,我突然發現,我在中國大學4級英文的水準,到了國外就是個啞巴。

最可怕的是什麼呢?中國學生看到的教科書,編寫的目的不是為了讓孩子更有創造力和質疑能力,而是讓孩子更聽話,更有利於管理。這樣的教育不會培養科學家,也不會培養發明家,更不會培養正常的人,而是培養木偶、工具、聽

話的韭菜。我們接受的教育就是為了讓你聽話、服從。

教育工作者的任務更像是搭建一個樂高城堡，裡面的所有玩偶都被賦予目的和形狀，而不是有靈魂的人。

說完了中國的教育環境問題，美國的快樂教育就真的很好嗎？我的答案是不一定。

很多人問我為什麼中國有錢人都把孩子送到美國讀書，但是到了美國發現很多華人反向把孩子送到中國讀書？不矛盾，以前我會覺得，把孩子從美國送到中國讀書的家庭，都是只看中文媒體的底層勞動人民，但是這麼多年生活下來我逐漸了解一些所謂美國快樂教育的真相。

絕大多數人對美國的教育體系充滿了想像與誤解，一方面大家都聽說過美國的公立教育不怎麼樣，有些學校亂得一塌糊塗，校園槍擊案、校園販毒頻傳；另一方面，美國的高等教育體系非常發達，培育了一堆高科技人才，引領著世界潮流。其實我們每個人看到的都是大象的一個側面，管中窺豹，很難對美國整個教育體系有完整的了解。

別說整個美國，就是加州的華人圈，每個家庭對於教育的理解都有不同。

美國公立大學系統還是不錯的，不在這裡討論。我們都知道美國基礎教育 K-12 指的是從幼稚園（Kindergarten）到 12 年級屬於義務教育，K-12 的教育完全免費，也是強制性教育。

教育經費的主要來源是當地政府稅收，有房產的納稅人每年必須繳納金額不等的房產稅，而房產稅的主要使用單位就是學校和警察局，也就是教育和治安，所以美國公立學校理論上必須努力為納稅人服務。

注意，這個稅對公立學校的品質會有很大的影響。美國公立學校採取學區制，這就導致學區房的概念，你要麼買房、要麼租房，雖然理論上不能歧視任何人，但是有錢人住在好學區是事實。好學區租房也比較貴，加州很多城市的學區房月租金在5千美元以上，很多家庭也難以承受。

經濟比較差的地方，稅收比較少，而且房產不值錢，投入到教育系統的錢就很少，久而久之就形成了爛學區。經濟比較好的地區，房產稅收比較多，加上房價過濾了一批家境不好的孩子，在學生背景和政府投入的雙重作用下，就形成了好學區。

加州是華人多的地方，學區肯定不會太差，畢竟很多好學區都是因為華人家庭相互競爭把學分提上來了。華人普遍成績好，或者亞裔多的地方，學分就普遍比較好，而且新移民買房，亞裔的家庭也會選擇好學區，中國人、日本人、韓國人都注重教育，這樣就是良性循環。

多說幾句學區房，這是一種利用錢來把整個社會進行分層的制度。這個制度你還只能接受，因為美國就是赤裸裸的資本主義社會，有錢人的資源永遠是好的。

再說美國私校，私立學校系統通常是有錢人的系統，在美國自成體系，因為私立學校的經費主要來自於學生家長和校友贊助，所以比較獨立。美國很多著名的高中都屬於私立教育系統，這更是一種赤裸裸的 money talk（有錢就能買到階級特權），比用學區房隔離不同的階層，更高一個層次。

一些好點的私立學校，每年光學費在 7 萬美元左右，這還不算捐款，不算參與各種活動的費用，大家所看到的美國的精英階層，主要還是來自於這些私立學校。這些學校的學習強度，壓力一點不比中國小。微軟（Microsoft）創辦人比爾・蓋茨、臉書（Meta）創辦人馬克・祖克伯，美國各個行業的頂尖人物，絕大多數都是從這個系統出來的。

任何事物都是有正反兩面，美國也有很多私校不怎麼樣，尤其是中小學私校，那些不怎麼樣的私校比好學區的公立學校差很多，老師的水準可能更低。

有證據證明亞裔的智商高於歐美人。芬蘭的智力測試機構發布 2023 年全球智商排名，日本第一（台灣是 2022 年排名第一），平均智商 112.33、韓國是 110.84、伊朗是 110.15、香港 110.14、中國地區是 100，因為中國地區人多，所以智商測試排名略低也正常，56 個民族，北方可能拖後腿了。別說「地域歧視」這個問題，這個是科學資料，事實！

所以為什麼說亞裔多的地方學區好是有客觀原因的。很多美國人四年級都還達不到正常閱讀的能力水準，數學就更

不提了，美國初中生的數學水準大多數都是亞洲小學低年級程度，當然也有水準高的，但是亞裔居多。

為什麼美國大學有補償性質的預科教育？就是因為很多人能力有限，跟不上大學的課程，必須多讀 2 年。此外，學區差的區域，問題很大，校園毒品、校園霸凌，基本上都是出自爛學區。

你就想一下，中國的孩子回到家，父母會督促做作業、看書、去上課外輔導；那些美國底層的社區，他們的家長要麼沒正經工作，要麼就是抽大麻，或者父母做勞動工作很辛苦，回到家就是拿著可樂當水喝，洋芋片、漢堡、速食是他們的日常，孩子自然就學會這些生活習慣，作業不寫，也沒有課外輔導，老師教的都不一定聽懂，別說學其他的東西了，跟著父母耳濡目染，從小就吸二手大麻，跟很多中國家庭的孩子在家抽二手菸同樣的道理。

美國很多人其實不太重視教育的重要性，很多家長會認為，skip the college you can get a job（離開大學就能找到工作），這不就是擺爛嗎？這句話就是白人孩子家長講的，由此你可以想像他們的家庭對教育有多不重視。

美國目前底層工作不是外包給中國、印度、越南，就是給祖輩就生活在這片土地的老墨給占了。那些流失到中國和印度的工作機會，幾乎很難再回到美國。

美國外包工作有哪些呢？比如說我們平時打客服電話，

幾乎都是印度口音或者東南亞口音，企業把客服外包出去，經過簡單培訓就能接電話，他們其實是在印度、菲律賓或柬埔寨的工作人員。在美國招聘一個客服月薪5千美元，在菲律賓，同樣的工作內容只須付200美元，還不需要解決保險和退休金問題。其實有一部分不太重要的程式設計工作，也是透過外包進行。

那麼亞裔最多的是什麼呢？軟體設計師、博士……說穿了就是高學歷低收入群體，當然你如果能力強，肯定能做到收入高的職位，但是要知道，亞裔的競爭很激烈，我聽朋友講，灣區近年一個年薪30萬美元的職位就有1千多封求職信，10萬美元左右的職位就不用說了。

年薪50萬美元的科技企業，一個職位上千人應聘，就要不斷考試、不斷篩選，最後留下來1個，其他上千人則回到人力市場繼續尋找工作。你說壓力大嗎？肯定大，你如果想提高待遇，要麼跟世界上更多能力強的人競爭，要麼你就忍受壓榨，美國的資本壓榨雖然不一定讓你加班，但是遇到科技變革時期隨時把你裁員也是會發生的，這種風險非常大。

那麼，中國移民的孩子出路在哪兒呢？當然就得競爭了。

但凡中國人的家庭，我們第1代移民經濟條件都還可以，我身邊家庭很多孩子都是上私校，從這個角度來看我可能算比較窮的吧，因為2個孩子從私校幼稚園讀到高中畢業，必須準備大概150萬美元，讀完大學差不多250萬美元。

我如果讓他們讀私校，錢能出得起，只是我認為沒必要。因為我們的學區很好了，加上課外班的安排，應該不比私校學得少。而且我們算比較注重教育，中國家庭都差不多。

以我個人來說，寧願把錢花在學習更多技能上，用在旅行上。這些年在美國，我們帶著孩子幾乎把美國的東南西北走了一遍，放假的時候去中國、去日本，而這些算下來錢花得不比私校少，但是我認為更有價值。

中國人憑藉亞洲人獨有的優勢，基本上都是做白領，要麼就是語言的優勢可以做很多生意，中國人不缺生意頭腦。或者再不行，讀不了碩士、博士，那就當兵，省學費，還不累。美軍和員警是美國最好的職業，或者說普通人最好的職業，沒有之一，高中學歷就可以。

如果你有大學文憑，當兵和警員都可以很快做到管理職位，這是一個非常好的出路，當然因人而異，有的孩子喜歡，有的孩子不喜歡，有的家庭也認為比較危險，不讓孩子從事這個職業。

因人而異吧，想孩子的將來都是空想，我們只能盡力提供的最好的教育條件和資源給他們，能不能學好或者在哪個領域更有天賦，就不是家長能左右得了。希望這部分內容對你了解美國的快樂教育有一定的參考作用。

作為父母，作為第 1 代移民，從教育環境了解怎麼培養孩子的情商和財商，提早教他們學會投資、學會理財，可能

比做一個體面的工作更重要。

你可能會問,既然美國的教育也存在很多問題,為什麼美國擁有世界上最好的高等教育體系呢?

這個問題很好,**因為美國包容並且吸收全世界的精英人才,美國的教育體系就是篩選最優秀的人才走進大學校園,然後再一次過濾,透過美國的人才體系把普通人放在普通的職位,透過開放的態度選拔科技精英,讓他們為世界進步做出貢獻,並且給予足夠的回報。**

雖然美國教育制度不完美,但北美社會文化鼓勵創業、投資、資本操作,靈活的體制和對金融領域的寬鬆監管,都是鼓勵個人從事金融投資的制度優勢,這些都是促進財富累積的制度條件,教育只是其中一環。

人類社會面臨又一次人工智能革命的時代已經悄然來臨了,AI時代的教育一定和過去不同,當人類大部分程序化工作都由機器人代替的時候,我們作為人類,情感需求是機器無法取代的,未來的教育模式也需要我們隨著時代變化而改變。

如果你不適應環境 那就開始行動

前些日子,中文自媒體流傳一篇文章《中產的孩子沒有未來》。該篇文章一經登出,立刻引發眾多中國人的熱烈迴響和共鳴。也許是關注這篇文章的網友太多了,中國網管部

門隨即封殺了這篇文章。

文章可以被封殺，但網友對該文的關注度和認可度卻無法被忽視。這篇文章到底傳遞了哪些敏感資訊，以至於讓網管部門將其封殺呢？

據說，這篇文章的作者曾經是華為員工，內容其實是講述了2位華為前同事聚會時的對話。其中一位同事目前定居在上海，他說，他讀初二的兒子不想讀書了，原因是他看到爸爸是知名大學畢業，還是研究生碩士學位，如今已經一把年紀了，還是天天加班。這位讀初中的孩子認為，自己考不上好大學，到時候只能比爸爸混得更慘，決定還不如早點去送外賣。

這位父親跟老婆商量後，覺得兒子反正學習也就這樣了，於是同意孩子放學後去送外賣。

另一位來自浙江的前同事感歎：「現在的孩子真的是競爭太激烈了。」他說，現在華為招聘的都是清華、北大這些名校的畢業生，要不就是留學回來的「海歸」。他無奈地說，普通大學的畢業生要想進華為，得要扒掉好幾層皮。

文章的作者總結說，國與國、人與人之間的競爭正在加劇，接下來幾年只會更殘酷，並提醒讀者，要對一切投資產品充滿警惕，現金放在銀行，貶值就貶值，只要承認自己是個普通人，就要接受財富貶值的宿命。

很多生活在中國的人近些年感覺自己很不適應，其實不

外乎你接觸過真正的文明社會秩序，或是你曾接觸過真正開放的國際網路，而不是那種設了高牆、只能看到一部分內容的封閉網路。

2025 年 5 月開始，我在中國的幾個大城市見了大約 20 多位 YouTube 頻道的觀眾朋友，我在這 1 個月裡，走了十幾個城市，發現了一個普遍的現象，在中國的高鐵上，商務車廂裡一半人在睡覺，一半為了工作在打電話，證明這類人要麼需要休息、要麼忙著賺錢，即使是晚上下班時間，他們的繁忙依然可見。明顯的特徵是他們大多數時候是在給下屬分配工作。

一等座的人，一大半在看短影片、看劇，剩下的在打電話聊工作，證明這個群體需要賺錢，大部分得親力親為賺錢，可以聽出來他們是在談客戶，或者接受上級的工作指示。

二等座的人絕大多數在看短影片，極少數在打電話聊家常，證明這個群體都屬於體力勞動者，他們基本上不會接受什麼遠程工作任務，是體力勞動的特徵。

有人說普通人才需要多學習、多看書，可是我覺得大部分人不是不想學習，他們看短影片也是在學習，只不過不知道這種碎片訊息都是垃圾；他們可以從這些瞬間分泌多巴胺的娛樂影片得到休息，緩解生活壓力，證明生活工作壓力很大；他們不知道學習什麼，或者說什麼叫有效訊息。**我們身邊大部分人不是不知道學習，而是沒有分辨訊息價值的能力。**

確切講，大部分人被社會法則有效進行分級，這種社會分層在任何國家都一樣，多數人都必須努力賺錢，才能有利於管理，社會才能穩定。美國人天天搞事情，就因為大部分人賺的錢夠多，不用太辛苦，窮人有錢了就會有想法、會鬧事，這是個規律。當然了美國人有著先天的傳統，謎之自信的快樂教育讓很多人分不清是非，底層的民眾尤其不具備思考能力。美國人很大一部分是比較容易受到蠱惑的，烏合之眾的理論用在這裡非常貼切。

我們父輩那一代人，天生就認為，人生下來就是上學、讀書、工作、結婚、生子、撫育後代、退休、安享晚年，這是多數人認為的人生過程，「工作」是父輩那一代人的人生主要重心。到了我們這一代，人生就有了很多種可能。

工作和賺錢其實是兩件事情，這兩件事可以分開來看，工作不一定為了賺錢，賺錢也不一定非要工作。這句話我曾經講給很多人聽，年齡大的那一輩還是理解不了，慶幸的是很多人都可以理解這個道理。

作為中國改革開放以後在 1980 年代出生、1990 年代生活成長起來的我們來說，40 多歲退休躺平，已經比較幸運了，畢竟在同齡人裡是少數。不過最近一個夏天我見到了很多 90 後的人，也透過美股躺平，實現了財務上基本的自由，我的思維還是有了一點小小的衝擊。

不過非常開心就是我的 YouTube 頻道能夠影響那麼多人

改變自己的思維,起碼知道了普通人如何做才能實現提前退休,這個影響力是我目前做這件事的動力,這讓我很激動。如果更多人透過我的分享,可以獲得思維習慣上的改變,認識到普通人該如何做才能提前退休,那麼我認為我是做了一件好事。

很多人不適應目前的工作,很多人不喜歡目前的環境,我認為,**年輕有無限種可能,透過自己的規劃,一步步實現被動收入,實現自己理想的生活,哪怕不是那麼有錢,只要自己不用辛苦工作,就算是人生的成功。**

-Part 2-
翻轉思維
從窮困到富足的關鍵

財富增長的關鍵在於「思維模式」，
改變思維，才能改變財務現狀。

引言

關於第 1 桶金的概念，已經和 10 年前、20 年前有了很大的差異。

第 1 桶金，以前通常認為是 100 萬元，但是大家知道 100 萬元現在已經出現了購買力嚴重貶值的情況，畢竟貨幣貶值是統治階級設計的理論，只有貨幣不斷貶值，持續通膨，富人的資產才能擴增，政府不斷印鈔，才能維持這個社會的正常運轉。牛馬照樣是朝九晚五、起早貪黑，中產階級依然為了好車、大房子而努力拚搏，然後這個社會依舊是富人越來越富，窮人依越來越窮，子子孫孫無窮盡。

所謂第 1 桶金，我曾經的認知就是人生第 1 個 100 萬元，在賺到第 1 個 100 萬元的時候，我仍然是這樣認為。當我賺到第 1 個 100 萬美元的時候，我也是這樣認為。

後來當財富累積越來越多的時候，我頓悟了，我發現 100 萬元並不是第 1 桶金，而只是一個起點，讓你財務自由的起點。

但是不管第 1 桶金的定義是 100 萬、300 萬還是 1,000 萬都不重要，反正對於多數人來說，一輩子也賺不到。

這不是潑冷水，而是事實，最簡單的證實方法是去問問你的親戚，月薪多少？有多少存款？多少貸款？再看看你身

邊的朋友、同學，月薪多少？生活費多少？每月存款粗略統計一下，就能算出來他們的資產實力，看看他們的財富等級，就知道你自己處於什麼水準。

全球最富有的 1.6% 人口擁有這個世界 48.1% 的財富，而最底層的 41.3% 人口，僅擁有世界 0.6% 的財富。

關於全球財富的地區差異結構明顯，北美擁有 168.7 兆美元，西歐擁有 109.6 兆美元，這兩個地區占據全球 63.8% 財富總額，人口僅占 13.5%。

根據《2025 全球財富報告》，全球約有 6,200 萬名百萬富翁，其中 42% 生活在北美，22% 居住在歐洲。所以客觀來說，如果你生活在北美或者歐洲，如果你的淨資產低於 100 萬美元（以 2025 年中匯率換算，大約 2,900 萬台幣），那麼你很可能是世界最富地區中最窮人口的一份子。

什麼是淨資產，就是可以用來投資且不影響你生活的閒散資金。淨資產高於 5,000 萬美元的富翁，截至 2022 年底統計，全球約有 24 萬 3,060 人。

瑞銀《2025 年全球財富報告》的資料顯示，美國是百萬富翁人數最多的國家，將近 2,400 萬人，按照百分比計算，美國擁有世界上近 40% 的百萬富翁群體。

所以平時我們看到網路自媒體對比說，在美國年薪 10 萬美元就超過美國 1% 的人了，這是赤裸裸愚弄大眾，美國年薪 10 萬美元只能說類似於中國的貧農、下中農，前面說過了，中產階級的概念就是愚弄大眾的一種洗腦話術。

《2025 年全球財富報告》資料也提到，中國有 618 萬人資產超過百萬美元，中國有世界上近 10% 的百萬富翁。這個群體相對於中國人口來說，大概只有 0.4% 左右，所以你在中國如果想遇到一個資產在百萬美元，折合約 720 萬人民幣的人，1 千人中也只有 4 人達到標準。現實是不是很扎心？

再根據全球財富統計表資料，資產在 1 萬美元以下的，全球有 26.9 億人，占全球成年人總數的 51.5%；1 萬～ 10 萬美元是 17.7 億人，占全球成年人總數近 34%，這個群體平均財富是 3 萬 3,573 美元；10 萬～ 100 萬美元約 6.26 億人，占全球成年人總數的 12%，目前這個群體擁有的淨資產總額達到 178.9 兆美元，占全球財富的 39.4%，已開發國家的中產階級通常屬於這一群體。

OK，如果你的存款在 10 萬到 100 萬美元之間，那麼你就屬於中產階級，是不是現在對中產階級的定義更加清

晰了？

　　了解完你自己的財富水準在全球人口的統計標準之後，我們對自己的財富也有了一個清晰的認知。接下來以 100 萬美元為第 1 桶金的標準，來談談普通人如何盡快賺到 100 萬美元。

第 3 章
窮富不是命
是看不見的認知差

為什麼有人一夜致富，而你努力一輩子還只能領月薪5,000元、1萬元？如果財富是靠辛苦工作得來的，那這個世界上最富有的，應該是工人。

如果世界是公平的，財富應該和努力成正比，你努力越多，錢應該越多。

$TRUMP（以美國總統川普為主題的加密貨幣）市值曾在短短1天內飆升了130億美元。它沒有工廠、沒有實體資產、沒有商業模式，甚至沒有成熟的區塊鏈技術支援，依然讓無數人瘋狂湧入，市場情緒飆升，財富在一夜之間狂奔。而這個世界其他地方的大部分人，還在通勤擠地鐵，想著年底能不能加薪。

世界的財富遊戲，早已是不同的內容。但問題來了：錢，到底是怎麼來的？錢，真的是賺來的嗎？

你以為錢是時間和勞動換取得來，其實真正的錢是「時代共識」。錢的本質，不是勞動，而是資訊。看看2025年財富流動的邏輯，你會發現：

比特幣：一串程式碼，若沒有政府背書、沒有實際資產，憑什麼值12萬美元？靠的是市場共識。

奢侈品牌：香奈兒和普通皮包的成本差不多，但價格相差1千倍，靠的不是材質，而是品牌信仰。

根據中國國家統計局2025年1月發布的最新統計報告，2024年，全國居民人均可支配收入4萬1,314元，城鎮居民

可支配收入5萬4,188元，農村居民人均可支配收入2萬3,119元。按照這個資料，如果你的月收入低於3,442元，就代表你在扯後腿。即便你的月薪超過1萬元，距離100萬美元的第1桶金也還差很遠。

說這個什麼意思呢？如果你辛辛苦苦朝九晚五打卡上下班，不管是穩定的公務員，還是上班族，單單憑薪資收入，就算你高於中國國家統計局的3倍收入水準，月收入1萬的話，那麼你這輩子很可能就是牛馬的命，根本無法實現累積第1桶金。所以請仔細看下面的內容，也許可以改變你的人生。

提供大家2個認知上的概念：

一、普通人透過薪資收入實現第1桶金的機率很低，大部分人不太可能辦到。

二、一個人能賺到錢的上限，取決於對社會的認知和命裡的財運。

第2點很重要，財運和認知往往成正比。

以上2點如果你認同，那麼請接著往下看，如果你不認同，那麼你現在就可以扔掉這本書，別浪費彼此時間。

很多人的貧窮，也許是來自設計好的人生軌跡。假設一個人22歲開始工作、60歲退休，工作38年，將近1萬4千天，扣除休息日，真正工作的時間不到1萬天，如果每天賺100元，財富上限是100萬元；每天賺200元，財富上限是200萬元；每天賺300元，財富上限就是300萬，以此類推。

如果按照普通平均收入滿足日常生活的話，從上學、工作、買房、結婚、生子、退休、養老，你的孩子也繼續重複這個過程，一生所花費的金錢大概是本金的 2 倍，而你從買房開始背負貸款，後半生直到退休都在為貸款而活。

從這過程可以看出來，如果你按照一個固定的人生劇本去走這一生，很高機率你不會成為有錢人。

普通人想賺第 1 桶金 灰色收入累積最快

我們還是回到剛才中國國家統計局的數字來看，有的人可能會說，很多人收入是不納入統計的。對，政府的統計資料只是你不得不報的收入資料，因為這個世界有太多人是不會向政府申報自己真實收入的。比如說我就認識一些人，他們投資美股、加密貨幣，收入可能是幾十萬到幾百萬美元，但中國政府是不統計在內的，他們也不向政府繳稅，因為他們只是人在中國，收入和資產都在其他國家。

這樣我們就得出一個簡單的結論，**世界上的收入有 3 種：第一、合法的；第二、違法的；第三、不合法也不違法的。**

第一、第二很好理解。薪資收入是合法收入，跑外賣也屬於合法收入；利用職務便利幫別人辦事收了 1 萬元好處，則屬非法收入。

透過合法收入很難累積第 1 桶金，非法收入我們當然不贊同，畢竟這個是違法的，違法的事情我不鼓勵，不鼓勵的

原因不是說風險太大，而是丟不起這個人。為什麼呢？

你說你在政府部門工作，月薪 3,500 元人民幣，按中國國家統計局的正常人均水準，發不了財也餓不死，生活安穩，突然有一天你幫別人的孩子安排了學校，收了 5,000 元好處，然後透過你給了教育局高層 5 萬元，結果東窗事發了，高層把你供出來，你行賄又受賄。

你站在法院被告人席上，聽法官宣判，某某某，受賄 5 千元人民幣，沒收非法所得，並沒收個人財產共計 1 萬元。30、40 歲的人了，一共 1 萬元資產，丟不起那個人是不是？所以非法的事情不鼓勵，其他的違法收入方式都在各國刑法裡，所以就不囉嗦了。

接著談第三種，不合法收入。**這裡說的不合法但也不違法，簡單點就是「灰色收入」，說的高大上一點就是「灰色產業」。只有灰色產業可以讓你實現個人財富的增長，也是唯一能讓你累積第 1 桶金的管道。**

灰色產業有哪些特徵？高風險、高收益，法律沒有明文規定，目前尚處於監管盲區，法不禁止即合理。

舉個例子，我們投資美股、投資加密貨幣，在美國是合法的，在中國目前是不合法的，這個就屬於灰色產業。因為在美國即便合法，但是如果出金的時候不在美國境內用美國的銀行卡出金，比如你用新加坡的銀行卡提取投資收益，那麼實際上是雖然不合法但也不算違法的一種行為，這就是所

謂的灰色收入。

我在這裡特別強調,不要鑽法律的漏洞,賺錢可以,不要研究法律的細節,否則一不小心就違法了。別怪我沒提醒你啊!如果你違法了,一概和我無關。

我大學畢業後第 1 次創業做品質體系認證的工作,賺到了人生第 1 個 100 萬元,其實也屬於灰色產業。因為理論上體系審核頒發認證證書需要國家監管機構認可,你必須具備發證的資格,但是當時我在經營範圍上只能從事諮詢工作,實際上我是諮詢帶最後審核發證一體化服務,只不過發證機構不是我,我實際是超越經營範圍,以合法的方式做了不太合規的事情,這個行業不算違法,但是嚴格來說也不合規的操作。如果沒有這個資源還真的做不了。

現在我們知道一個道理,你的認知也提升了一個層次,只有灰色產業才能暴富。如果你人在中國,做合法職業,做正經職業,或者說是打工吧!那麼你這輩子暴富的可能性幾乎為零。

我不是鼓勵你做不合法的事情,也不是鼓勵你不要從事正經工作,除非你能做到上市公司的工程師、知名大學的教授、中國大城市「三甲醫院」的主治醫生,或者國際知名律師會計師事務所的合夥人、外企的高層等等,除此之外的普通工作和職業都很難讓你翻身跨入高收入階層。

當然我以上講的職業,在這個世界上不超過 1% 的比例,

而且這 1% 的群體裡大部分也賺不到太多錢，不信的話你可以看看你大學時候的教授，有沒有能力每年全家出國旅遊一次，如果沒有，那麼也就是屬於有一定社會地位，但是沒什麼錢的群體。

以上邏輯如果你認可，就代表你已經對這個社會的運行法則有了比大部分人都通透的認知，這就好辦了。簡單來說，普通人實現第 1 桶金的方式就是尋找不違法的賺錢方式。不違法的賺錢方式是什麼？我可以公開告訴你，模仿。就是你看別人怎麼賺錢，你就模仿。

模仿不是讓你去完全複製別人的作法，比如說我在 YouTube 頻道講的內容絕大多數都是我自己的思維和經歷歸納出來的，中國曾經很多人直接盜用搬運我的影片放在中國的自媒體平台，結果就是我委託律師發律師函給平台，下架封號處理。

後來我自己註冊了中國各大自媒體平台的帳號，然後就不需要我花錢找律師了，我檢舉就可馬上下架搬運的內容，YouTube 也有人模仿冒充我的頭像和名字，然後搬運我的內容，目的是什麼我不懂，但是要下架這種內容非常快，因為 YouTube 一旦出現跟我 50% 類似的內容，我就會收到警報。所以單純的複製貼上是無法實現的。

再比如你自己開一個帳號去講和別人一樣的內容，也做不起來，因為同樣的內容別人說可能流量很大，你來說可能

就沒人看，為什麼？因為人家已經有了流量基礎、有名氣。所以，模仿是透過現象看本質，而不是單純複製貼上。

比如說未來走九紫離火運（第 5 章有詳細介紹），自媒體會是一個非常好的行業，你做自媒體就要找跟別人不一樣的賽道，別人做美食探店可以成功，那是人家有自己的風格，做了多年有流量基礎，你跟著做，可能很難累積流量。你就找灰色產業，別人不敢講的你來講，像中國的平台有些內容不讓講，比如說比特幣、美股、港股，很多內容會被認定為敏感話題，那你就換地方講，註冊 YouTube 帳號去講，中國也有很多人想開美股帳號，這樣你就把內容傳播出去了。

你就講大眾好奇、一般人不懂也接觸不到的話題，什麼特殊職業圈的內幕八卦、緋聞、盜墓故事這就屬於灰色產業。你說「Mike，中國不能翻牆，我怎麼註冊 YouTube 帳號啊？」What the……要不要我把錢直接轉帳給你啊？

未來 10 幾年，就是 AI 虛擬實境，是女性當道的時代，你從事的行業和內容一定要吻合時代大背景，符合地球人類的大運趨勢，才有可能獲得成功。

找到與眾不同的行業和賺錢方式，有那麼簡單嗎？沒有，所以這個世界富人永遠是少數群體。找不到就必須一直找，如果你命中有這個財運，那麼你一定會找到，如果找不到，證明你的財運可能還沒來到。你說想在中國做加密貨幣，加密貨幣也屬於灰色產業，該如何去申請境外銀行卡？如何開

通操作平台？如何用冷錢包？看到這裡你如果還問「Mike，我怎麼去開銀行卡啊？」我 F……佛慈悲，來來來，把銀行帳號給我，我給你匯 100 萬，你的第 1 桶金就有了對嗎？

在你從事可能會改變你命運的行業之前，我們知道是和傳統職業不同的方式，所以必然會遭到阻力，最大的阻力就是來自於你的家庭、父母。我當初從電視台辭職做生意的時候，就遭遇過這樣的經歷。那麼我們怎麼做？唯一的作法就是堅持自己的想法，想辦法排除阻力。

想想我們前面聊的內容，傳統家庭不能給孩子有效的財富指導，我們要明白這一點，做自己認知範圍內正確的事情，和財富有關的事情，排除一切阻礙你的負面影響。如果你辭掉公務員的工作出國留學，或者去從事一個可能高收入但是不穩定的工作，如果你的父母第一時間同意並支援，很可能你要做的事不是好事，或者沒那麼簡單。

我們的父母那一代人經歷和生活基本上類似，都是在大環境的推動下吃飽了飯，退休了拿一份餓不死的退休金，有基本的醫療保險，如果他們的建議可以讓你實現財務自由的話，首先你自己都不信的。所以有選擇地排除家庭的阻力，可能是你財務自由最大的障礙。

說的直接點就是，在你還沒財務自由之前，最好悶聲發財不要聲張，否則你離財富會越來越遠。

我有一個同學跟我說了比特幣的事，他在 2013 年就投

資了比特幣，我認為他的認知比我高，就問他為什麼當初投資比特幣，家裡人知道嗎？他告訴我說，他自己都不相信比特幣，是他的朋友講了很多雲裡霧裡的東西，什麼去中心化等等，他禁不住朋友好說歹說開通了交易所帳號，買了人民幣1萬元，一直沒敢告訴家裡人。

聽完我都傻了，2013年初的時候比特幣價格才20多美元一個，1萬元就是80幾個比特幣，他在比特幣漲到5萬多美元時賣了，去香港花了8%的手續費，換了2千多萬人民幣，花掉1千多萬買了深圳市區的一間海景房，現在市值跌去了一半。還買了一輛邁巴赫（Maybach，賓士車款），開了2年折價一半賣掉又換了特斯拉。

這個故事告訴我們一個道理，就是要對你的認知買單。而且你要深入研究你的第1桶金怎麼來的，要為你的結果負責。

如果當初我的同學把一半比特幣換成錢買房子，其實也能買不錯的房子，剩下幾十個比特幣放到現在更是一筆不小的財富。賺到第1桶金還有一個要素，就是合理配置自己的消費，減少沒必要的支出。我同學買1千多萬的房子就屬於衝動消費，完全超出自己當時的生活水準。

守財比發財更難。說白了，就是你憑運氣賺到錢以後一定要減少不必要的消費，這點若沒有一定的生活閱歷很難控制，人的欲望是會隨著時間改變的，20多歲時總想和別人比，30多歲就收斂了許多，我40多歲的時候其實就沒有和別人

比較的心理了,總想著如何低調簡單生活。當然前提是你有低調的經濟基礎,有錢不花叫低調,沒錢不敢花叫窮。在台灣的一次訪談節目裡我講到,有錢以後的時間自由和沒錢狀態的時間自由,是兩種不同的狀態。

其實人的欲望是很難平衡的,我透過美股實現提前退休以後,也想過換一個大房子,能看到海景的豪宅,起碼要5千平方呎、大約140坪起步,夕陽西下,看著太平洋在自己家陽台喝下午茶,這樣的生活誰不憧憬呢?更別說已經具備這樣的經濟基礎之後,欲望很多,都想一個個去實現。

但是不同年齡、不同思考就會有不同的生活狀態。我考慮了一段時間之後,覺得海景豪宅意義不大,為了一個想像中美好的生活片段,需要付出的代價是高額房產稅,以及房屋養護成本,而如果用這筆錢去全球旅居,體驗不同國家的生活,可能更適合我這個年齡的現階段生活。我不需要太多社交,我需要更多生活體驗。如果我的同學在我這個年齡獲得了當時的那一筆財富,我想他也會有不同的選擇。

我們總結一下重點,**要想盡快實現人生第1桶金,你需要做到以下幾點:**

一、從事不違法的行業,但風險是收入沒有上班穩定。

二、模仿別人的成功模式,但是不能完全複製別人。

三、做符合時代趨勢的行業,從時代背景裡找賺錢機會。

四、排除影響你賺錢的阻力,沒賺到錢之前盡量低調。

五、深入研究想做的事情，簡單生活，合理配置你的錢。

以上 5 條都做到的話，高機率你會很快賺到第 1 桶金，累積到人生的第 1 個 100 萬元。

另外，我再分享一個精華中的精華，就是賺錢最主要賺的是資訊差。分享這個的主要原因是，並非所有人都適合做股票，也並非人人都有投資的本錢，**如果你現在年輕，想做點什麼能賺快錢的事情，那麼資訊差＋灰色產業是最快的方法，沒有之一。**

目前時代背景下產出效益最快的，比如說自媒體、虛擬類的創業項目、當仲介類的行業。為什麼我舉例是自媒體和虛擬產品呢？因為符合未來 20 年的時代背景大趨勢，別忘了我一直說的九紫離火運，哪些是這個時代大運利多的行業和容易賺錢的內容。我還曾看到有人在日本幫別人請寺院裡的「御守」賺到了很多錢，有人在自媒體平台推廣手機虛擬 AI 應用代理軟體賺到了錢，還有人幫別人註冊 Gmail 郵箱帳號，每天都有很多訂單，看起來客單價不高，可是訂單多，這都是資訊差。

很多台灣人在日本生活，YouTube 上日本或者全球旅行類的影片，做得也不錯，不過旅行部落客太多了，想做出自己的流量不太容易。

這些年有很多中國的吃播旅行網紅流量相當高，在美國的中美家庭生活類的頻道也大受歡迎，究其原因就是

Covid-19疫情期間,很多人在家看這些生活頻道打發時間,吃播旅行類的節目人畜無害,沒有觀點的內容是比較容易產生流量的,居家辦公最不值錢的就是時間。海外的生活Vlog(Video blog)也突然成為人氣頻道,因為符合人們窺探別人生活的好奇心。他們滿足了一個要素,就是情緒價值。

以上其實都屬於灰色產業類型,理論上國內外資訊差,而中國有網路防火牆,所以利用灰色產業資訊差賺錢是最快的方式。以上介紹的幾種方式已經有成功案例。

如果你不想折騰,有了一定的經濟基礎,投資美股、加密貨幣,雖然需要天賦,但是一旦花時間研究,你就會發現其他所有實體產品的行業都是在浪費時間。

我的經驗告訴我,如果想盡快實現財務自由,賺到第1桶金,未來要做輕資產行業,做有錢人需求的行業,做精神滿足的行業,做情緒價值的行業,不要做重資產,不要投入產出比小的行業,不要囤積貨物,不要占用你的大量資金,最好不要與人合夥。2025年年初,就有網紅因為合夥鬧矛盾得全網皆知,雞飛狗跳。這其實就給我們敲了警鐘,合夥生意在利益面前遲早會有衝突,結果就是兩敗俱傷,誰都不占便宜。

有錢人不會告訴你的賺錢秘密

這個社會的規則實際上有兩套,或者說同樣的規則有兩

種解讀，一種是鎖螺絲搬磚的人看的，另外一套是給聰明人看的，守規矩的人一直窮得踏踏實實，不守規矩的人則富得滿嘴流油。

我的 YouTube 頻道大部分都在談關於賺錢的話題，其實這個話題比較敏感，因為在很多人的認知裡，賺錢的話題就是騙錢、騙流量的，類似於很多年以前的成功學課程。不過我想說的是，以前我們見過的那種成功學行銷課程就是赤裸裸給你打興奮劑，毫無實用價值，而我談的賺錢話題是我親身經歷的事情，也是實踐證明可行的獲取財富方法，是我這一代人的生活經歷，只是我的一些經歷恰巧是同齡或者同時代的人沒有遇到的事情。這些故事可以讓更多人從多元角度了解這個世界。

2024 年的夏天，時隔 7 年，我再次回到中國，和中國的朋友聊天，從我看到的中國社會現象，看到普通百姓生活的狀態，結合這些所見所聞，來談談關於賺錢的一些資訊差，也許不能讓你直接賺到錢，但是絕對可以給你一些關於賺錢，關於普通人財務自由的啟發和思路。

以下內容可能很多有錢人、富人不會告訴你，我說出來也是我自己的經驗和感悟，可能我的經驗並不適合所有人，僅僅對極少數人有啟發，但這就夠了。就好像投資股票，我就說做美股賺錢太快，以至於你對其他任何生意都失去興趣，但是實體經濟沒人做是不可能的，所以暴富這種方式不適合

所有人，有的人就不敢做，有的人做了就賠錢。

世界是守恆的，世界主宰者們設定的規則以及地球運行的法則就是：極少數人是富人，大多數人是窮人。你看了我的內容，也就只能從窮人這個群體裡得到一些啟發，成為普通人裡的有錢人，你也有可能成為世界頂尖富人的一份子，但是你先看看是否祖上積德，自己家祖墳有沒有冒青煙。人類發展到文明社會以來，從古至今，**賺錢最快的 4 個要素或者說方法包括：**

第一、資訊差，就是我知道，你不知；

第二、認知差，就是我懂的，你不懂；

第三、執行力，你我都懂，但是你不敢，我敢；

第四、競爭力，同樣一件事，你我都去做，我的資源比你好，我比你專業。

下面我結合自己的經歷進行分析論證。

⑤ 資訊差的影響

先講資訊差，是的，世界上所有賺錢的方式都是資訊差，記住這個關鍵字，資訊差是世界上賺錢的核心。傳統方式的貿易、買賣、貨品交易，到現在網路資訊時代的各種直播帶貨、影片推廣，都是因為資訊差的存在。

最近 2 年，在美國生活的人很多都知道一個情況，中國朋友尤其江浙廣東一帶的，很多人都在找美國朋友借用身分

資訊註冊 TikTok 進行直播帶貨，當然借用資訊這種方式一定是違法的，但是這種現象證明了資訊差的利益和價值。

中國是勞動密集產品的基地，很多產品的成本非常低，美國的售價則比較高。比如說一些相機電子產品配件、無人機配件，包括兒童玩具、手機殼、裝飾品、家居用品、小電器，在中國可能人民幣 10 幾、20 元，在美國是 10 幾、20 美元，在中國人民幣 100、200 元，在美國也是 100、200 美元，這種資訊差異，導致了很多去過中國的外國人都會遊走在批發市場做貿易。早些年比較熱門的江浙服裝市場、廣州電子市場、廣州箱包市場、深圳玉器市場、東莞虎門服裝基地，都是這種資訊差帶動了當地的經濟發展。

20 多年前，我的同學在廣州的通訊市場從事手機批發生意，我發現很多客戶是非洲來的山寨機販子，他們把安卓系統、外形像蘋果手機一樣的山寨機賣到非洲，據說利潤可以翻好幾倍。直到 2017 年我去非洲旅行，才發現這個產品的資訊差的確有價值。在中國幾百元人民幣的東西在非洲可以賣到幾千人民幣。這些山寨貨在非洲市場很大，他們追求面子，對於裡子——商品本身的品質並不太在意。這就是市場需求。

我們經常用的手機殼，中國淘寶幾十元人民幣的手機殼就已經非常好了，蘋果官方賣的手機殼大概是 69 美元，約合人民幣 400 多元，美國也到處都有那種 10 美元的手機殼，但是品質很差，中國淘寶售價可能就是幾塊錢人民幣還含運

費。而且這些手機殼還是在墨西哥的中國人從中國批發市場進貨，先運到墨西哥，然後在美國的這些小商家再從墨西哥的批發市場運到美國。為什麼要讓在墨西哥的中國人賺一手呢？因為資訊差的存在，他們不知道如何從中國進貨，且這些小東西也沒必要單獨跑一趟中國。

2024年夏天，我在中國待了1個月，走了十幾個城市，見了很多朋友、客戶、同學，包括去各地搭車跟計程車、網約車（網路預約計程車）司機聊天，談到關於賺錢這個方面，他們的思維還停留在非常傳統的模式，沒有跳出原來的思維空間。

這個當然跟大家所處的環境有很大關係，也跟中國的網路限制有很大關係，因為在中國比較賺錢的行業和方式通常是普通老百姓無法接觸到的。

比如說Covid-19疫情期間所有行業都停擺，有一個行業卻大發疫情財，就是PCR檢測領域，再比如說銀行、菸草、電信、鐵路、太空、電力、石油天然氣等等，但凡和高利潤壟斷有關的這些行業，都被上層設計好了，普通老百姓根本不可能從事這些行業，你只能到這些行業去上班，而且進去還有門檻，你想積極投身國家電網、鐵路、銀行、菸草這些政府單位去上班做貢獻，可能嗎？不可能。

而且中國人被管理得已經非常聽話了，從幼稚園開始，幾十年深入人心，絕大多數人沒有邏輯、無法獨立思考、沒

有獲取外界資訊的能力。

這就導致了大多數人非常滿足，滿足於月薪 3 千、5 千，滿足於年薪 20 萬元就算是跳躍階級了，在外商年薪百萬，在中國國家企業、央企做個中級職員，年薪達到 100 萬元就算是衣食無憂，可以躺平了。

但是你說這些人有沒有資訊差？有的，中高收入族群裡很多人年收百萬就敢買 1 千多萬元的房子，背著上千萬的房貸，夫妻倆年收入 200 萬元就敢背負 10 倍的債務。中低收入的人一樣，家庭收入超過 20 萬元就敢背負 200 萬元的房貸，他們可能還認為房地產的黃金期會捲土重來，殊不知房地產的運勢早已經進入尾聲，現在氣數耗盡，不會再有地產輝煌了。

到了我這個年齡，如果貸款買房的話，貸款 100 萬美元，我必須有底氣 1 年賺 100 萬甚至更多我才敢去做這個事，否則我就全款買房不背貸款。我絕對不敢用現在年收入的 10 倍槓桿去承擔債務，這個又涉及理財的問題，也屬於資訊差的範疇。我雖然不是學經濟學的，但是這種基本的經濟學常識和國家經濟發展趨勢加上自己的投資風險，還是要有基本判斷。

這次在中國，我發現很多人都不太清楚以下這些投資管道，比如說投資美股、ETF、在香港開戶、資產放在不同國家、不同的理財方式、日本房產、匯率差、虛擬貨幣投資交

易等等這些我正在做的投資方式，我認識的大部分中國人都沒有在做，或者知道這個事但是不知道怎麼做，或者沒有資本去做。

客觀講我在移民美國之前，這些投資管道我不懂，也不知道怎麼做，我知道以後就馬上去學、馬上去做，所以才能提前退休，過上比較輕鬆的生活。我買特斯拉股票看起來是運氣，其實也是投資思維。如果我仍然生活在中國，沒有移民美國，那麼我也不知道買美股，更不知道要買特斯拉股票。

只是讓我驚訝的是，這麼多年過去了，理論上來說資訊的發達程度和溝通方式更便捷了，資產增值方法應該會多少有些影響，不過資訊差的人為因素不可忽略，確實阻隔了普通人致富的管道。所以說資訊差是形成社會不同收入群體的一個非常主要的因素。

⑤ 認知差的影響

這是比資訊差更重要的一個因素。很多人知道並且了解前面我講的賺錢方式，但是這些人在傳統領域賺到錢，比如說做傳統生意賺了幾百萬、幾千萬人民幣，住進別墅，孩子上了國際學校，開著價值百萬的車，他們就停留在自己已經熟悉的領域，不斷用過去10年、20年前的思維來做今天的事情。

直播帶貨、影片推廣，自媒體領域這種已經被很多傳統行業老闆開始使用的銷售工具行銷模式，我發現即便是在

2025年，還是有很多傳統行業的老闆思維並沒有跟上，他們在做電商、帶貨這方面還是不得要領，有的甚至賠進去很多錢也沒有把網路管道做好。反而我聽到很多案例，那些幫企業搭建自媒體帶貨平台的服務型供應商賺到了錢。

看到現在很多人在教你什麼公域流量（平台流量）、私域流量（會員經營流量），那些名詞說得很高深，實際上在操作層面還是為了讓你交學費，騙你的錢。

回顧我的經歷，我在第 1 次創業時就開始利用網際網路的優勢爭取客戶，媒體工作經歷讓我對媒體效果有較多認知，所以我在移民美國之前利用自媒體帳號吸引客戶的方式已經運用得爐火純青。

這一次回中國的經歷，我也親眼見到了很多教你帶貨搭建銷售平台的服務商，他們把自己的服務包裝得非常誘人，但是仔細研究就會發現大多數華而不實，有前些年成功學的影子存在，口號喊得很響，實際應用的水準有限。能不能幫企業賺到錢不知道，但是學費和服務費賺得盆滿缽滿。

而且我非常不理解到 2025 年了，中國還有企業老闆去讀什麼名校的 MBA，上總裁課程，花幾十萬學費去讀什麼商學院，我毫不客氣講就是認知差導致的韭菜。如果你不是為了拿文憑，為了全家移民需要，去讀這些課程就是赤裸裸地繳智商稅，除非你有特殊目的和癖好。

依現在網路的發達程度，我相信你設置一個小型的家庭

或者辦公的 VPN（虛擬私人網路）是相當簡單的，裝了之後就在 YouTube 上學習各種課程就好了，或者在淘寶上花點小錢看下載的哈佛工商課程也是很方便的，我就不懂花幾百、幾千塊人民幣就解決的問題，為什麼非要去線下跟那些並不算聰明的老闆們一起交流。

那些老師、教授、專家我曾經認識一些，清華的、北大的，還有各種商學院的，他們一些人在過去 2 年諮詢過我美國移民事宜。確實有很多有才華的老師，但是僅限於學術領域，如果你讓他們教你賺錢、管理企業，我引用一個教授的話說就是瞎了眼了，很多有名氣的專家大多沒有實踐經驗。

人生賺錢的方式，有體力勞動和腦力勞動，最賺錢的其實就是腦力勞動，你別管企業做多大，有多少員工，只要你做實業，就是最慢的賺錢方式，而且在中國是最有風險的賺錢方式。

當然有人不認可我的觀點，說去讀商學院是為了人脈。拜託，目前的中國經濟大環境下，你為了去尋找機會搭建人脈，別人也是這麼認為的，大家都遇到瓶頸了，一群遇到問題的人試圖花很多錢湊在一起解決自己的問題，結果就是大家交流以後發現是大環境的問題，不是人脈也不是學習不足的問題。

經濟環境好的時候人脈有效，經濟環境走下坡的時候，人脈最大的作用就是抱團鼓勵。而大環境的問題只要你跳出

那個環境，站在更高的角度來看，就能發現問題所在。

最後，這些人發現那些商學院、行銷課程、平台搭建、流量服務，就是利用資訊差和認知差賺錢。

淘金的過程中，首先賺到錢而且穩賺不賠的就是在淘金路上賣鏟子、賣咖啡、賣三明治的人。所有淘金者都需要喝咖啡、吃飯，都需要鏟子。真正挖到金子的人少之又少。讀商學院、購買流量服務，就是想盡快看到金子的淘金者，而他們其實買的是咖啡和鏟子，認識的人脈也是淘金路上的淘金者，淘金只是一個心理需求。

虛擬貨幣為什麼在中國不被允許，因為這是可以讓普通人暴富的一種賺錢管道，普通老百姓用 1 萬人民幣投資，10 年前買入，10 年後變現，曾經的 1 萬人民幣變成了 64 萬 5,000 美元，按照 2025 年中，1 美元兌換 7.2 元人民幣的匯率，換算約價值 460 多萬人民幣，你做什麼生意 10 年能從 1 萬變成 460 萬純利潤？10 年前投資 10 萬現在就是將近 5 千萬，純利潤、沒有成本的，做非法生意可能都沒這個利潤大。

直到現在還是有很多傳統生意的老闆即便身價過億了，都還認為虛擬貨幣、股票是騙人的，這就是認知差。

有個真實的案例，我在 10 年前認識的一個做傳統生意的老闆，10 年過去了，聽一個朋友聊天談起來，他早些年確實賺了一些錢，也在省會城市買了幾間房子，因為資訊差、認知差的原因，大概 4 年前又投資了店鋪和房產，砸進去幾千

萬，幾乎是這些年的心血。

我猜測他透過十多年前地產黃金時代的紅利累積了一些經驗，想藉此再讓資產增值，結果 Covid-19 疫情以後店鋪生意倒閉，沒有人租，現在也賣不掉，買的房子幾乎價格腰斬，本來想透過這些投資讓資產翻倍，結果現在背著巨額房貸無法還款，因為實體生意支援不了房貸，房子又賣不掉，就算賣掉也不夠還貸款，現在人找不到了，直接就被銀行起訴上了「失信人員」名單。這些年類似的慘痛案例非常多。

認知是不平等的，所以世界上存在認知差。每個人的生活環境、教育程度、家庭背景、成長經歷都是不同的，因此認知差存在於每個人之間。

資訊時代、網路時代讓很多人誤以為自己掌握了足夠的資訊，這是在資訊過剩時代的一個典型特徵。隨著資訊時代的進步，大數據的應用，你接收到的資訊是經過演算以後推送給你的，所以你自以為掌握了準確、足夠的資訊，其實是你自己傾向於相信的一面之詞，並不是資訊的全部，所以來自資訊差的認知差會日積月累，悄悄改變你的認知。

⑤ 執行力和競爭力的影響

關於執行力和競爭力，我自己有不少經驗，我就說最直接也是最簡單易懂的一件事情。

8 年前我在積極準備移民的時候，周圍很多人對此嗤之

以鼻，不屑一顧，那個時候還有人賭國運、抄底實體經濟、買店面、做產品鋪貨、開店，都是我身邊認識的人，他們說我最多的一句話就是，去美國混不好，回來兄弟們一起做點生意。結果這2年，當初對我最不屑一顧的人也在諮詢我移民的問題。

做在別人之前，果斷去做。執行力強的人做事乾脆利索不猶豫。

再說競爭力，其實就是自己的實力。無論你透過哪種方式賺到了錢，足夠下半生簡單生活的錢，你就會在生活中有底氣，情緒穩定需要經濟基礎，精神富足也需要經濟基礎，經濟基礎是人生任何情緒價值滿足的前提條件。並不是說沒錢就沒有情緒價值，只是更強大的經濟基礎會讓人遇到事情的時候更淡定，情緒更穩定。錢不能解決世界上所有問題，但是可以解決世界上大部分問題。

其實我投資股票並不是做得很好，也不是什麼真正意義的有錢人，我只不過抓住了時代機會，做任何事都讓自己更專業，提高自己的競爭力，相對來說賺錢會更輕鬆一點。所以我做任何一個行業的時候都有人黑我、攻擊我，那不就證明我做得比他們好嗎？

ⓢ 財運：天時、地利、人和

沒錯，有一個有錢人不會告訴你的財富因素就是財運，

這個不是迷信更不是玄學,而是真實客觀存在的一個東西。

同樣是一個生肖,同一年生人,命運截然不同;同樣一個行業,大家起步都差不多,做的業務也類似,有的人能有很多客戶,有的人就是沒客戶。就好像開餐廳,同一條街道,有的生意好,有的不好,跟財運有很大關係。這裡說的財運包括天時、地利、人和。

前面談到的有人做傳統生意,有的人開始直播帶貨、影片推廣,吸引客戶的方式改變以後,有的起死回生,本來不太好的生意突然有了很大改變,有些人原本做得不錯,學習別人自媒體推廣以後不僅沒推廣出去反而賠了不少錢,這些其實就是前面說的資訊差、認知差、執行力和競爭力加上財運的影響。

人的命運各有不同,我們活在宇宙這個大能量場裡,人與人相互之間是有吸引力的,你看有的人順眼,有的人不順眼,有的人你願意接觸,有的就排斥;錢也是一樣,你的能量可以吸引財富,財富也被你吸引,有的人吸引財富過來,就會一直守著,有的人突然擁有財富,但是又突然失去財富,這些都是財運的作用。

你的命裡帶不帶財、財富能否守住,是強求不得的。命裡有時終須有,命裡無時莫強求。如果你一直賺不到錢,或者一直留不住錢,那麼你就要想想是不是自己財運受到了什麼影響,或者你本身就沒有這個運氣。

投資股票也是一樣的道理，以我自己為例，2024年8月我操作CrowdStrike（CRWD）這檔股票，2個小時就賺了1萬多美元，但是有人看到我會員頻道的資訊跟著操作，不只沒賺到錢甚至被套牢。類似的日常經常出現，同一檔股票在同樣時間買入，有的人賺得比我多，有的人被套了，為什麼？看似是賣出不及時，每個人判斷的獲利點不同，有的人容易滿足，賺錢就賣，有的人想著還會漲，繼續持有，結果被套，這個就是有一些資訊敏感度甚至財運的因素存在。

我對股票操作技術方面不專業，但是我在買賣時間把握比較準，我經常可以賣到短期高點，然後又買在短期低點，利用股市波動獲利，有時候一個交易日內操作好幾次波段。

長線帳戶我也經常在某一些股票上可以抱得住，特斯拉一持有就是2、3年，別人都在漲的時候追漲，我會獲利套現，可能沒有吃到最後一塊肉，但是我認為已經獲利不少。很多人為了吃最後一塊肉，被套好幾年，我認為就是財運的影響，也可以理解為心理承受力的因素。貪欲人人都有，把握好時機不容易。我的長線帳戶可以3年持續逢低買入不做任何操作，很多人也許沒有這個定力。

同時也有人性的因素，股票投資都知道複利的影響力，複利長期投資的效果驚人。但是人性對於短期利益追求的渴望是無法克服的，一旦你進來，就不太容易讓自己從容淡定。所以我設定了長期投資帳戶和短期交易帳戶，長期帳戶用來

賺複利，賺經濟增長的錢，短期交易賺零和遊戲。我是普通人，我不會強迫自己戰勝普通人的人性，尤其是賺錢的心理。我們不可能打敗華爾街，也不可能成為世界頂級富豪群體的一員，能做的就是成為世界上 80% 窮人裡的有錢人，讓自己的生活更輕鬆，生活品質更好。

這就是我理解的財運和人性的關係，相輔相成，互相作用。

轉變思維 3 部曲　從無到有

前面提到過，普通人受原生家庭影響、價值觀影響、財商的培養、財富觀念的影響，確實很少人能財務自由。那麼是不是普通人就不可能財務自由呢？並不是！後天實現財務自由的大多是普通人，富豪階層家庭的孩子則出生就已經財務自由了。

我做自媒體後經常談「財務自由」這個概念，談錢確實很俗，但是錢又是大家都渴望的，沒有人和錢有仇。飲食各有愛好，甜的鹹的、酸的辣的、葷的素的，眾口難調，各個種族各個國家民族習俗不同，飲食愛好相差甚遠，但是大家對錢的渴望是出奇地一致。所以我覺得談錢應該要光明正大。

2021 年，我移民美國正式生活的第 4 年，透過早期投資特斯拉股票，提前退休，這幾年持續在美股市場累積了一些賺錢的感悟，我希望這些經驗可以幫助更多像我一樣的普通

人，早日實現個人的財富累積，盡快實現提前退休的願望。

我們知道普通人實現財務自由很難，10年前中國發生股災，最富有的0.5%家庭，光明正大拿走了2,450億元財富，而底部的85%韭菜股民損失2,500億，0.5%的中國權貴擁有26%的財富，這一次財富分配結束時，這個比例甚至上升到32%。

不僅僅是中國，全世界都一樣，每一次人類科技的變革、社會經濟結構改革時期，都會導致社會階層分化，每一次歷史大事件，社會財富都會重新分配。中國歷史上的改革開放，下崗再就業，2000年代的網際網路資訊革命，離我們最近的包括智慧手機普及以後，自媒體發展，讓這個社會的財富水準重新拉開差距。而全球範圍的4次工業革命，從蒸汽時代、電氣時代、資訊時代，我們正在經歷第4次——AI人工智慧時代。

我們有沒有思考過，普通人為什麼很難實現財務自由呢？這裡有個小故事分享。

一個富家女孩，長相漂亮，和一個男孩認識，這個男孩自認為是泡妞高手，交往了一段時間，男孩很想和女孩發生親密關係，女孩不同意，男孩就生氣地說這段時間交往、吃飯、看電影、給她買禮物，為她花了不少錢，為什麼不同意，女孩就爽快給了男孩一筆錢，頭也不回地走了。

男孩就突然醒悟了，因為之前他交往的女孩都沒有他經濟條件好，所以他認為他泡妞的手段適用於每個女孩。可是

遇到比自己條件好很多的女孩就不起作用了。

男孩就說,「妳如果生活窘困的話,我花不了多少錢就可以睡妳。」這句話說出了一個真相,那就是一部分的人窮,對一部分的富人有好處。既然這個社會的一部分人窮可以給其他相對富的人帶來好處,那麼我們就會明白,這個社會的富人在掌握了生產資料、社會資源以後,進行財富分配時,自然就不願意把更多財富分配給窮人,因為窮人一旦得到更多財富,變得富裕,便不再被富人所支配,富人就不再擁有原本享有的那些好處。

所以,世界的統治者們會想辦法收割窮人資產,而不想讓窮人真正變得更有錢,富人希望持續從窮人那裡得到好處。想明白這個道理,你認為社會的統治者們還願意在財富分配時分更多給窮人嗎?他們只願意分配給大部分人可以滿足生活的財富,然後再用各種教育體系和快樂的情緒價值讓這些人延遲滿足,從而達到社會穩定的目的。因此,相對於富人擁有的財產,即便普通人實現財務自由的標準並不高,但是我們知道普通人實現財務自由並不容易。

我總結了幾個原因,如果把這些因素看透了,可以避免一些彎路,普通人也許無法改變階級地位,但是可以改變財富階層也是非常難得的。

財務自由的本質,是看透這個社會的運行法則以後,把你的人生從本來被統治階級設定好的人力資源,轉換財富思

考的思維，讓自己不再是富人的資源，而變成自己獨立思考的賺錢邏輯。

從理論上講，這個過程其實有 3 個過程。

ⓢ 過程 1 是認知

沒有改變認知，很難變得富有，即便是一不小心富有了，財富也會重新洗牌，這種例子在中國特別多，我不在這裡贅述。

ⓢ 過程 2 是邏輯

有了對世界根本的認知，有了獨立思考的思維模式，然後利用邏輯去推導自身的優勢，如何盡快財務自由，並按照自己設定的方向去做。

ⓢ 過程 3 是勇氣

很多人有了認知，懂了這個世界的運行法則，也有獨立思考的邏輯思維，但是缺乏勇氣。比如說你知道這個世界 20% 的富人擁有 80% 的財富，0.1% 的統治者們控制著世界 99.9% 的資源，其實包括很多底層窮人也是富人的資源，富人透過用金錢購買窮人廉價的勞動服務，換取自己舒適的生活。

這些你都知道，你還知道必須改變自己的生活環境，你也知道透過哪些方式可以獲得財富，比如我之前講的，普通人如何賺到第 1 桶金，灰色產業可以盡快致富，但就是沒有

勇氣去改變現狀。

你知道中國現在的房價腰斬了，幾十年可能都起不來，起碼這20年是不行了，但是你沒有勇氣賣掉自己在深圳的整層豪宅，你沒有勇氣賣掉在杭州已經跌掉了頭期款的投資物件。你知道送孩子出國是唯一改變命運的出路，但是沒有勇氣賣掉房子讓孩子讀書。你知道出國是改變命運的方式，但是吃不了苦、不捨得花錢，因為出國要麼先吃苦，要麼先花錢，你都沒有勇氣去做，那麼就沒有出路。勇氣是最大的改變普通人命運的障礙。

我們當初決定辦理傑出人才移民的時候，很慶幸家裡父母都是支持的，準備資料時提供了很大幫助，最後促成了我們移民這件事在短短幾個月之內就拿到了美國移民局的批准信。

我知道中國大部分家庭都會阻攔子女移民的想法，尤其是去美國、去日本，家裡親戚都是持反對意見，聽說有的甚至以死相逼。老一輩的認知決定了後代的命運，這個真的是鐵律。很多人在做重大決策時通常最大阻力不是主觀條件，而是來自親人的左右。在台灣的讀者可能感覺不大，中國的朋友受幾十年宣傳的影響，尤其明顯。

3 種方式 實現財務自由

普通人實現財務自由不外乎幾個方式，無意識的投資行

為、反常識的賺錢機會，以及主動找到財富資訊。

以我個人來說，買特斯拉股票實現暴富就屬於無意識的投資行為，當然這也是因為當初對科技進步的認知導致的結果。如果我投資中國 A 股可能血本無歸，所以這方面還不單純是無意識。

我在 all in 特斯拉股票的時候不知道會有 10 幾倍的漲幅，當然了，事後分析這個過程，如果我當初投資比特幣的話，現在可能會更自由，不過人生沒有如果只有結果，目前這個結果我已經很知足。人的認知決定了你能否實現財務自由，同樣也可以決定財務自由的等級。

反常識的賺錢機會基本上適用於全世界，因為全世界的統治階層都不太希望普通人變得特別有錢，你可以很有錢，但是如果你比統治者更有錢那就會有麻煩，你不再被統治者所統治，甚至威脅到統治者，對於統治階級是很可怕的。如果你的財富超過了股神巴菲特，超過了美國總統川普，只會有兩個結果，要麼你和他們一起扮演收割者的角色，幫助他們一起收割窮人，要麼你成為他們收割的目標。這就驗證了另外一句話，世界上沒有永恆的友誼，只有永恆的利益。

通常來說，政府不允許普通人做的，都是可以實現暴富的領域，比如說在現階段中國從事加密貨幣領域，中國政府是世界第 2 大比特幣持有國，都是查封、沒收來的，僅次於美國沒收的數量。這個行業在中國就是普通人不能碰的，因

為它太容易暴富了，暴富了以後你就會獨立思考，獨立思考就會看透一些問題，你有了邏輯思維，還有了錢，就會對上層管理造成威脅。

美國其實一樣，雖然是三權分立的合眾國，也號稱是民主自由的燈塔，但是美國的上層腐敗依然很嚴重。2025年初，特斯拉創辦人馬斯克遭到的死亡威脅高於川普，就是因為他動了太多人的乳酪，斷人財路猶如殺人父母，這個仇恨不是一般的利益衝突。

美國的上層腐敗更加隱秘，不是我們通常認知的貪污受賄，而是利用手裡的權力先憑空設定一個高尚的名目，比如說環保、自由、人權，打著這些正義的旗號去爭取財政援助資金，在民間號召大家捐款，然後在這裡做文章。表面都是正義，其實都是生意，背後都是利益。

其實從這裡可以找到普通人暴富的賺錢方式，就是普通人會忽視的需求，以及社會變革的灰色地帶。

Covid-19疫情的時候，誰也沒有想到居家辦公會推廣開來，住屋需求一下子擴大，美國住宅在這2年基本上漲幅翻倍，商業地產一下子不再受重視。包括居家辦公桌椅一度成為亞馬遜熱銷排行榜的商品，在這個過程中就有人抓住機會實現了財務自由。

一開始有人在中國改造口罩廠暴富，有人在亞馬遜銷售中國的辦公家具、電動升降桌、人體工學椅，實現了暴富，

也有人看到機會及時拋售商業地產轉向投資住宅，有人把一整棟商業樓賣掉，換成了10幾間住宅，然後在疫情期間翻新，再以翻倍的價格售出，再次創造資產新高。還有公司在疫情期間推出居家辦公的視訊工具、遠端通訊軟體，這些概念股也大漲。

這些賺錢的機遇並非人人都可以抓住，這就涉及下一個因素。最後一個財務自由公式，主動找到財富資訊，可能更適用於善於思考的人。財富是對認知的獎賞，不是對勤勞的鼓勵，善於思考的人永遠會找到賺錢的辦法。

任何大環境下，任何經濟萎靡的時代，都會有人利用環境，善於思考，主動找到財富資訊，經濟不景氣的時候，大家對滿足暫時心理需求的娛樂消費就非常癡迷，這就是所謂的「口紅效應」。

這些年流行的「奶嘴娛樂經濟」，就是在經濟大環境不景氣的時期人們喜歡的娛樂消費。短影音平台、刷劇、近郊旅遊、電影、奶茶等，都屬於奶嘴娛樂經濟範疇。人們會為了獲取短期的多巴胺分泌快感而買單。直播帶貨和奶茶經濟就是在這種大背景下興起的。

我認識一個網紅直播主，之前在美國沒有賺到什麼錢，回到中國以後銷聲匿跡了好多年，最近有了消息，這幾年去做直播帶貨，實現了財務自由。

以前我們購買電子產品、生活用品，出門旅行訂機票酒

店,都是透過傳統的廣告下單,現在這些年傳統廣告幾乎不見了,因為傳統媒體也在走下坡。自媒體的盛行,網紅帶貨的模式取代了傳統廣告。這些年眾多有思想、有創意的網紅流量高了,無論是美食吃播還是數位達人,都在賺錢的路上不亦樂乎。

這就說明了善於思考的人永遠不缺乏賺錢機會,在世界實體經濟萎靡不振、大環境不太好的時候,如果看到時代賦予的機會,另闢蹊徑,相當於在淘金熱時賣鏟子是一樣的道理,因為人人都需要的東西不一定有市場,人人都關注的媒介才是最好的銷售管道。

老年人透過短影音看那些無聊的養生訊息、街頭短劇、人生哲理,大數據工具就會根據他們的喜好推送符合他們興趣的產品,他們看看直播就會像很多不成熟的年輕人一樣下單訂一些沒什麼用的養生產品,就像年輕人玩遊戲買裝備一樣的行銷模式。早些年電視購物都是透過電話訂購,貨到付款。現在與時俱進了,電視購物依然存在,只不過是直接用手機掃碼付款下單,沒變的是套路,變化的是形式。

AI人工智慧時代,大數據時代,支付便捷性同樣也悄悄瞄準了我們每一個人。將來AI演算法會推送給我們更符合個人需求的行銷手段,這些新鮮事物會不斷消耗我們的錢包。

在這次AI人工智慧革命的前期,川普出來重塑世界產

業鏈，目的就是重挫中國製造業獨大的格局。身為普通人，我們就是要從這個動盪的機會中尋找暴富的機會，改變普通人的財富命運。

4 個障礙 阻擋財務自由

既然提到了奶嘴娛樂經濟，那麼我們接下來解讀一下阻擋普通人財務自由的一些障礙。

ⓢ 障礙 1：奶嘴娛樂經濟盛行

中國的抖音、美國的 TikTok，某種程度上已經成為普通窮人獲取快樂的慢性鴉片，他們從早到晚沉浸在這些奶嘴娛樂消費領域，只要有網路就可以刷短影音，多巴胺不斷被拉升，導致滿足感越來越難以調整，健身、學習理財這些能夠改變命運的內容都不再被重視，也沒有時間分配到更有意義的事情上。

短平快的娛樂經濟不斷在消耗人的精力和時間，讓人們沉迷於毫無營養的娛樂形式，從中消費人們的關注力。

ⓢ 障礙 2：用健康透支金錢

現在有多少線上叫車的司機、外送員、代駕，每天工作 10 幾個小時，有的甚至通宵工作，不斷透支自己的健康。不僅中國，美國也一樣，同樣有很多底層人民沒日沒夜奔波在

送外賣、送快遞、跑叫車服務的路上，就進入一種循環，拚命工作，沒時間思考、沒時間學習，繼續拚命賺錢，透支健康，最後增加醫療成本，導致提前衰老，臨死時又被醫院收割最後一筆存款。

這個群體沒有好的保險，沒有退休金、沒有工會，平時開車的風險增加，導致汽車保險費增加，所以記住，用身體透支金錢的工作絕對不能碰，否則一定無法實現財務自由。

⑤ 障礙3：路徑依賴

舉個例子，有人停留在過去黃金30年中國改革開放後的房地產大爆發這個印象，如今在疫情之後房市開始萎縮，很多地產暴雷，根本原因是中國政府賣地導致無地可賣，再加上之前的20年土運，地產的黃金時代確實讓很多人暴富，比如說溫州炒房團等等。但是，時代過去了，社會也變了，從土運現在變成九紫離火運了，還有人思維沒有變，自己以為是抄底房產，實際上抄在半山腰，還是上半截，一生積蓄賠得淒慘，本來以為可以躺平，結果直接跳樓。

還有人總認為開店是一個正經買賣，所以這2年很多商業店鋪都在轉讓，幹不下去的時候有人半路接手，讓那些幹過的人套現跑路了，自己一頭栽進去，又是轉讓費又是房租，賠得一塌糊塗。更有的是借網路貸款，賠得傾家蕩產，本來以為是創業，結果是返貧。

這就是路徑依賴導致的思維慣性，沒有時間學習，沒有時間提升自己的認知，導致了一生無法挽回的結局。

💲 障礙4：社交資訊同溫層

所謂認知決定思維，思維決定同溫層，同溫層決定財富。農村路口的大媽討論的是鄰里八卦；外送員的群裡聊的是平台獎勵；計程車司機聊的是網路叫車影響生意；留學群裡家長聊的是世界學校排名、哪個專業更容易找工作拿綠卡。而有了一定程度認知的群體則會去付費學習自己不懂的知識、學習賺錢及早日實現財務自由的方法。

《2023年財富流動報告》提到，家庭年收入50萬元以上的群體，86%獲取資訊的方式是透過同溫層。不同群體平時接觸的資訊不同，吻合社會階級固化現象。不同階層之間的訊息是不交流的，這又和資訊差吻合。所以我們看似生活在資訊發達的時代，實際上社交資訊同溫層一直存在。

以上就是我幫各位總結普通人難以實現財務自由的一些原因和障礙，假設你也有所認知了，要避免這些障礙影響自己的人生，那麼你就可以更快財務自由，盡快提前退休。

做到4件事 普通人就能財務自由

知道了普通人實現財務自由很難的具體原因和障礙以後，就要思考一個問題，普通人到底能不能實現財務自由？

如何實現財務自由？

答案是肯定的，普通人當然可以實現財務自由。如果你單身，沒有孩子，不追求奢華生活，每月開支低於 5 千美元，有 100 萬美元，你完全可以實現周遊世界的退休生活，也就是我們說的財務自由。如果你已婚，有 2 個孩子，不追求奢華生活，每月開支低於 1 萬美元，有 200 萬美元，你也可以實現財務自由。

100 萬美元，普通人如何實現呢？如果你月薪僅 1 萬美元，不吃不喝，一年也就 12 萬，需要 10 年左右才能實現這個目標，但是怎麼可能不吃不喝呢？我在 YouTube 頻道《移民美國 5 大因素——物價》這則影片跟大家分享過，一個普通的美國四口之家，生活在南加州，月開銷大概是 1.3 萬美元，所以攢下 100 萬美元並不是人人都能做到的。

普通人達到什麼標準才算財務自由？我們普通人怎麼樣可以實現財務自由？實現人生財務自由最重要的是什麼？下面談談我自己的觀點，希望能夠給你一些啟發。

如果你不是富二代，不是家裡有廠、有礦、有家族生意的普通人，那麼你會發現，有的人在大學沒畢業就已經開始創業賺到了自己的第 1 個 100 萬人民幣甚至是 100 萬美元；有的人大學畢業沒多久就已經實現了財務自由；有的人可能到了 30 多歲、40 歲，才實現財務自由。當然，大部分我們身邊見到的人，不管是自己的長輩、親戚、朋友、同學，即

便到了退休，55 歲或者 60 歲，依然是薪水階級，辛苦工作一輩子，勤勤懇懇任勞任怨，這才是真實的人生。

你必須明白一個道理，社會的運行法則決定了世界上 80% 的人必須是窮人，雖然你可以衣食無憂，但是你必須每天工作，無非是有的人上班賺的多點，有的人賺的少點，年薪 50 萬和年薪 5 萬，本質上區別不大。因為你背負著房貸、車貸、孩子學費、家庭生活開銷、醫療等維持生活的壓力，一旦不工作就沒有收入，不管你之前是什麼生活水準，一旦失去收入來源，日子就無法持續運轉。

世界上還有 20% 的人，即便不是大富大貴，不是華爾街操盤手，不是主宰世界的頂級富豪，他們不用每天上班，不需要靠薪資養活一家人，因為他們有一個大部分人所沒有的收入來源——被動收入。

這兩種人生其實都離不開「二八法則」，這個社會的正常運行，註定了 80% 必須是打工仔，也就是我們說的普通窮人，因為必須這樣，才能保證社會的進步和正常發展，如果大家都不工作了，或者說這個世界一半的人都不需要工作了，那麼社會就會出現大問題，人類就停滯不前。

這裡面除了命運的安排，也就是天註定，其實大部分普通人都想盡快實現被動收入，不用辛苦工作，所以才會有我談到的這些人，專門收割想致富的年輕人，壓榨他們本來就不寬裕的存款。

這個世界是由 1% 瘋狂的人拉動進步，我們每個人都沒有資格怨天尤人，不管你是在中國還是在其他地方。這個時代給了你一個歷史性的機會，就像是《繁花》這部電視劇所描繪的 1990 年代，中國上海在改革開放的環境下，充滿希望與機遇，普通人有特別多的成功機會。我們應該積極參與這場史無前例的創富熱潮中，就是現在的第 4 次人類工業革命——AI 人工智慧。

普通人如何提前規劃，實現被動收入，或者說實現財務自由，不需要每天辛苦工作就可以保證基本生活，保證生活品質呢？需要做到以下 4 件事：

💲 第 1 件事：緊跟時代風口

舉個例子，上世紀 1990 年代中國的改革開放風口，那時很多人都還屬於早上 8 點上班、下午 6 點下班的勞動階級，能在國營工廠當正式員工，就算是很幸福的穩定工作了。在那個年代，最早一批做低買高賣轉售的「個體戶」，很多都成為了先富起來的一批人。

2000 年代的網際網路風潮，當時做電腦配件、軟體起家的普通人，哪怕是做盜版光碟的，都實現了財務自由。

我讀大學的最後一年，家人幫我安排去品牌電腦大廠聯想的經銷商打工實習，當時的老闆就是靠著在電子科技市場組裝電腦，賣電腦軟體、遊戲，賺到了第 1 桶金，成為聯想

的代理商。

也是在 2000 年初期最先富起來的一批人，開始買房子、賣房子，在短短 10 幾年間，實現了二次財富的累積。

2009 年，去中心化的概念被提出。2009 年 1 月，比特幣誕生，當時很多人都認為虛擬貨幣是騙人的，包括我在內。2021 年，比特幣價格突破 6.5 萬美元，人們突然發現時代變了，有一大批人透過比特幣、狗狗幣、以太坊實現了財務自由。2025 年，比特幣漲到了 12 萬美元的歷史新高，又有一批人暴富。以上案例都是因為一些人抓住了時代的風口。正所謂站在風口上，豬都能飛。

2024 年，我操作美超微（SMCI）這檔股票，240～260 美元建倉，持有大半年，獲利大概 300%，這檔股票最高衝到了 1,100 美元，所以有時認知只是站在更高的位置看一件事情，然後伴隨著一點耐心等著賺錢就可以了。2024 年科技股股價爆發，尤其是 AI 晶片股，符合時代背景，普通人抓住一個機會就可以跨越財富階級。

2022 年 11 月 30 日，OpenAI 推出了對話式聊天機器人 ChatGPT。它是增長最快的消費者技術，短短兩個月活躍用戶就突破了 1 億。它在過去 1 年的迅速崛起，標誌著一場說了很久的 AI 革命真的來了。因此輝達創辦人黃仁勳稱之為 AI 的「iPhone 時刻」一點也不過分。

隨後中國的 DeepSeek 推出，再次撼動了科技界，大國

科技競賽伴隨著時代的發展撲面而來，普通人能夠做的就是在時代變革中找到財富機遇。

1989年網際網路誕生，1993年開始面向普通大眾，直到2005年美國才真正說網際網路普及化。2000年中國開始用電話線撥接寬頻網路，我記得學校門口有很多大大小小的網咖，通宵營業，那個時候家裡經濟條件好的同學從父母那裡要一些錢，買幾台電腦、租個房子，就可以開一間網咖，賺到了人生第1桶金。

有個同學非常值得我學習，當時他利用網際網路的資訊，從廣州批發手機過來，在我們當時讀書的城市網路社區賣，賺了不少錢，畢業以後就去廣州的通訊城租了個專櫃賣手機，在廣州安家落戶。這是我當時身邊第1個利用資訊差在那個時代做生意賺錢的人。

到2007年蘋果（Apple）公司推出iPhone後，人們才真正體會到網路科技的魅力。

當時一個價格幾百美元的終端設備，讓每個人都能輕鬆上網，充分展示了自由度、靈活性和實用性。在iPhone誕生後的10年，數十億支手機上推出數千個應用程式，創造了一個價值數兆美元的龐大數位經濟市場。

所以，**不管你是投資網際網路股票，還是從事產業鏈的一部分，只要是緊跟時代步伐，就會在時代的洪流下快速累積財富，縮短跟有錢人的差距，盡快實現財務自由。**

💲 第 2 件事：做對選擇

其實賺錢這事並沒有太多花招，任何時代都有人賺得到智商稅，像 20 年前的成功學，或是今天中國抖音上有一些網紅帳號，他們招所謂的「管培生」（儲備幹部），讓你交 3 萬、5 萬元，給你畫個餅說回報 200 萬，都是騙人的伎倆。因為你太想賺錢了，你太想學習別人直播帶貨了，你太想透過高人指點就學會賺錢的捷徑了。很多人以為的時代風口，其實根本找不到門口，所以就會陷入窮人陷阱，思維模式受困無法自拔，聰明的人搞一個人設，給你看幾個成功案例，用時代風口的藉口來唬你，你也搞不清楚真假就去給人送錢，其實你才是他們致富路上的一磚一瓦。

如果你對抖音上冒出來的 25 歲開勞斯萊斯的那些帳號不知道怎麼回事，去看看我 YouTube 的解讀影片就知道了。

他們都是給窮人餵心靈雞湯，順帶再剃一波窮人的羊毛，所以，他們號稱所謂「不賺窮人的錢」，也是為了人設需要刻意塑造的欲擒故縱手段，如果你沒讓他賺錢，說明你是窮人，而為了證明你不是窮人，你花幾萬塊元讓人糊弄，以此來證明自己也可以暴富。具體案例我就不講了，應該有不少儲備幹部心裡比誰都清楚。你去幫他們剪輯短影音，半年、一年你能賺幾百萬嗎？賺不到，人家說你能力不行。真賺到了，屬於鳳毛麟角。你如果能力出眾在他這兒能賺到，在其他行業同樣可以。

我要說的是，努力並不會讓你致富，否則中國的農民工早就統治世界了，中國那麼多做外送、跑 App 叫車的，還有那麼多沒日沒夜勞動的工人，農民面朝黃土背朝天，都很努力，為什麼他們沒有成功、沒有賺到錢？說明努力和選擇是兩種概念。

面對時代大背景賦予我們的機會，選對了行業，選對了方法，選對了賺錢的方式，會讓你事半功倍。

同樣做股票，在不同國家、不同股票市場，你會發現有很大的差異。我投資過中國的 A 股，現在做美股，我的感受非常深刻。

結合我自己的經歷，在 42 歲這個年齡，我的同輩，曾經的同學、同事，我們做過同樣的行業、同樣的工作，但是時至今日，我已經開始環球旅居。在我當初移民美國的時候，有些人還極力勸我說去美國幹嘛？還是咱們國家好。Covid-19 疫情來臨的時候，他們經歷了成長中最難忘的一段時期，憋了幾年實在無法忍受的時候才問我，現在還能去美國嗎？接下來就是大家都知道的事情，2022 年和 2023 年發生的移民潮，大家都在拚了命往外跑，可是美國不是菜市場，現在移民美國的難度和當年不可同日而語。

對於生在中國的朋友，如今「移民」已經成為人生跨越的代名詞。移民之後能實現提前退休，更是令很多人豔羨。

我們工作過的人都知道一個現象，你如果在大公司上過

班,你會發現公司裡很多元老級的人物,其實他們很無能、很蠢,很沒有能力,但是不乏一些人年薪百萬,為什麼?因為他們年輕時選對了行業,業務能力很強,後來就轉為管理職位領高薪,可是管理能力很差,但這不影響人家拿高薪,這就是創始人的貢獻,早期創業的勇氣幫他們實現了躺平。尤其日本的企業,什麼年齡拿什麼待遇,選對了行業,就看得出資歷的重要。

還是那句話,選擇大於努力。

第 3 件事:做輕資產不做重資產

什麼意思呢?我曾經做過投入成本很大的重資產生意,就是貨物流轉、商品貿易,這一類生意需要資金、庫存、物流、人員、業務、店面、終端等重資產的投入才能產生效益,每個環節都不能少。也就是人們講的,生意做得大,錢都壓在貨上。

傳統生意現金流速度很慢,尤其現在已經進入人工智慧時代,速度遠遠落後於時代。看似每天很忙,可是一年到頭很難看到錢,而且大部分時間精力用於人情世故,各個環節都需要打點和維護,耗費時間精力。

我一生中唯一從事過的重資產行業讓我賠到負債,而我從事過的幾個行業裡,輕資產的行業都賺到了錢,國際標準認證諮詢、輔助醫療產業,包括我現在正在做的股票投資、

加密貨幣，都屬於輕資產行業。這些行業都讓我賺到了錢，而且賺了不少。

雖然不必耗費太多精力和時間，但輕資產行業並不是毫無門檻，諮詢服務類的產業出賣的是資源和專業知識，投資需要具備天賦和對投資產品的深度研究。

重資產行業通常利潤率較低，輕資產行業利潤率較高。

輕資產行業的投入成本低、不需要製造與銷售的長時間週轉、風險低，但是對於專業度知識要求較高，你需要有絕對優勢和賣點，把知識產品賣給需要的人群。從自媒體的發展就可以看出來一些特點。

根據《中國自媒體行業發展歷程及投資戰略研究報告》，2009年新浪微博上線，颳起了中國自媒體平台的風潮；2012年，微信公眾平台正式運營，自媒體開始向移動端發展；2012～2014年，自媒體進入蓬勃發展階段，入口網站、線上影音、電商等紛紛涉足自媒體領域，使自媒體平台更為多元；2015～2017年開始，直播、短影音等形式成為了自媒體內容創業的新熱點。尤其是疫情期間，手機端的自媒體讓一大群人暴富，很多人是不知不覺靠自媒體成為了時代風口那隻被吹起來的豬。

流量，成為大家追逐的目標和方向。

從最開始的短文自媒體，到後來的長文章自媒體，再到短影片自媒體，然後是跟國際接軌的長影片自媒體，透過自

媒體紅起來的網紅和創業者接連出現在公眾視野，今後自媒體的發展還會與 AI 結合，AI 讓影片創造的門檻更低，製作水準更高，可欣賞程度更高，跟人工智慧有關的投資產品也會讓更多人受益。

💲 第 4 件事：養成良好的富人思維

底層窮人、中產階級、富人，看似是社會的不同資產階層，實際上從思維上就已經拉開了社會不同群體的距離。

- 對於窮人來說，錢就是全部；對於中產階級，錢是幸福依靠；對於富人來說，錢是賺錢工具。
- 對於窮人來說，時間最多；對於中產階級，時間是效率；對於富人來說，時間比金錢重要。
- 對於窮人來說，工作就是奔波；對於中產階級，工作是智慧換金錢；對於富人來說，工作就是資產增值。
- 對於窮人來說，社交為了面子；對於中產階級，社交是需求；對於富人來說，避免無效社交。
- 對於窮人來說，消費為了生存；對於中產階級，消費為了需要；對於富人來說，消費為了情緒價值。

窮人抱怨命運，中產階級改變命運，富人規劃未來。投資也是，不同階層的方式不同。窮人沒錢投資，也不敢投資；中產階級分散投資，謹慎投資；富人精準布局。

客觀講，以我自己來說，早些年我在中國做生意的時候，

確實也必須讓自己融入環境才能賺到錢，比如說飯局、酒局、娛樂局，談事情必吃飯，吃飯必喝酒，喝酒必吹牛，娛樂必打牌、打麻將，除了我不抽菸，喝酒、吃飯、打麻將是一樣都沒少，但凡你做點小生意，工商局、稅務局、商務局、企業商會、包括紀委的朋友，逢年過節一個都不能忽略，日常聯絡更是需要你恰到好處。

我相信大部分在中國做過生意的人都挺討厭這些社交活動，但是又不得不去參加，不是你組局就是你參加別人的局。

窮人的思維習慣和娛樂方式就是打牌打麻將、喝酒吹牛，底層的群體把時間精力浪費在刷劇、遊戲、喝酒、吹牛，而沒有時間去健身、跑步、游泳、讀書。

有的人講了，如果你不去融入那些低層次的活動，你就無法賺到錢，是的，不得不說這個邏輯沒毛病，但是你要換個思維去考慮，是不是你做的生意太低級，接觸的圈子太low，當然不排除現在很多人去健身、去跳舞，也是為了不良目的，但是只有你真正養成富人的思維和習慣，脫離那個低層次的圈子，你才能結識更高級的社交，打高爾夫、打網球、游泳健身，參與的條件就決定了你的生意層次。

當你跟人聊天的話題從電視劇談到了如何保持身體健康，從飯局、酒局轉變到打球局、跑步局、騎車局，談論的話題從吹牛逼，轉到書法、攝影和旅行，那麼你的眼界和認知會是另外一個世界。

習慣決定了格局，格局決定了境界，當處於迷宮裡，你會被迷宮所迷惑，但當你站在上方去看迷宮，你就會很快找到起點和終點。如果說賺錢的方法是迷宮，那麼你的認知和眼界就是你看迷宮的角度，角度不同，結果自然不同。

　　我前面說的這些年中國的自媒體平台，很多打著私域流量賺錢名義唬弄窮人的那些套路，其實就是給你打造的迷宮，讓你進來，而他們是收割你的那把鐮刀，當他們用你的學費買了勞斯萊斯、藍寶堅尼、別墅豪宅，他們會告訴你：「看，我有這個能力享受上層富人的生活，你交了學費就能實現和我一樣的生活。」你如果還在迷宮裡徘徊，就會毫不猶豫前仆後繼去花錢學習他們所謂的成功模式。

　　若你沒賺到錢，你會被洗腦以為自己能力不行。

　　可是，他們忽略了一個關鍵，這個世界並非人人都在迷宮裡，也不是人人都選擇默不作聲，總有看到真相和本質的人去揭露他們的套路，還原事情的本來面目。而你也忽略了一個重要問題就是，當你學會了他們的套路和模式，你慢慢打造自己的成功人設時，這個模式就行不通了，因為太多人像你一樣在學習模仿的路上，走的人多了，最終就沒路可走。

　　而當初用這個套路去唬弄你錢的人，早就換了另一個模式和套路了。

　　所以認知不清的人永遠在步別人的後塵，你需要做的就是看清模式本身，獨創一個別人沒看到的模式，走一條適合

自己的賺錢模式,做出一個獨一無二、外人很難模仿和複製的商業模式,挖掘出你的核心優勢,待在合適的風口做個2、3年就實現財務自由,賺多少錢我不敢說,但是衣食無憂沒問題。

過去跪著求人才能賺錢的傳統時代已經過去,人工智慧的時代讓普通人站著就把錢賺了。

第 4 章
選擇大於努力
如何做出對的決定？

老子《道德經》提到「反者道之動,弱者道之用。天下萬物生於有,有生於無」,乾坤未定,你我皆有可能。

人生中面臨各種選擇,選擇大於努力,做出正確的選擇可以改變人生。做出錯誤的選擇同樣也會改變人生,人生的十字路口,每個人選擇不同,命運自然不同。

如果你選對了行業,知道風口在哪裡,你也找到了適合自己的位置,懂得了賺錢的模式,那麼你如果還沒賺到人生的第1桶金,你可能會開始懷疑自己的財運到底行不行,或者有沒有這個財運,今天我可以告訴你,其實財運就是選擇。

勤奮不會讓人富有 選擇才重要

在中國長大的孩子小時候經常被這句話洗腦,「業精於勤荒於嬉」(出自韓愈〈進學解〉,意指努力勤奮則學業精進,貪圖玩樂則會荒廢學業)。而我的經驗總結,可以非常負責地告訴你,選擇大於努力,如果方向錯了,再努力也沒有用,反而會離目標越來越遠。

勤奮是和財富不成正比的。最好的例子是中國的農民工很努力,很辛苦,搬磚一整天,可能比一般的工作薪水高,但是永遠也不會富有。而且身體隨著年齡增長,體力會越來越差,收入也會越來越低。

還有一個最好的例子就是農民,美國有大約200萬個農場,農業人口600萬,占美國人口總數2%,最簡單的除法,

一個農場平均 3 個人。

農業在美國是全機械化產業，農民是美國比較富有的群體，農民會很多農業操作技能，美國農民也不用面朝黃土背朝天。600 萬美國農業人口生產的糧食可以養活全球人口。

美國是一個糧食過剩的國家。美國農民喝著咖啡，開著農業機械翻土播種收割。工作半年休息半年，美國不是農業社會，但是農業生產力全球第一。

中國改革開放後，大寨（當時的農村示範村）「鐵姑娘」代表郭鳳蓮第 1 次跟著中國代表團到美國，剛開始的發言還像在中國巡迴報告一樣，聲情並茂地說她們大寨人怎麼苦幹加巧幹，使大寨有了翻天覆地的變化。「學習大寨精神」是那個年代的主旋律。後來參觀了美國家庭農場，發現 3、4 千畝地（比中國山區一個村，過去叫大隊的土地還多）就兩兄弟從翻地、播種、施肥、殺蟲、灌溉、收穫，全部機械化。她完全看傻了，再也說不出一句話。回國後再也不好意思去外面講「大寨經驗」，再也不肯四處做報告。

不說極端的個別例子，就說普通的群體，人一生要意識到 3 個問題，這 3 個問題特別重要，所以本書中我多次提到：第一，我們的父母很普通；第二，我們很普通；第三，高機率我們的孩子也很普通。當你知道了這幾點，你就會知道自己和別人的差距，山外有山，人外有人。

選擇好方向，選擇好行業，選擇好環境，比努力奮鬥重

要得多。

說到這一點,我肯定要談移民這個話題。我們第 1 代移民做了很大的努力以及花費了不菲的金錢及時間等成本,改變了生活環境,大多數人都會講,是為了子女和後代有一個更好的未來,接受更好的教育。其實我認為移民最主要還是為了自己,首先是自己的生活環境改變,生活更好,後代才能更好。

我這個人是沒什麼故鄉情結的,我從來不覺得出生地有什麼值得留戀的,我的原生家庭環境不是那麼富有,我必須透過自己的選擇,給自己以及後代更好的經濟條件或生活環境,這是我們移民的主要目的。

教育環境、生活環境、人文環境、賺錢機會等等,各方面都有重要意義。我曾經在中國很努力,現在也看到很多人在中國努力,廣大中國人民吃苦耐勞,有著優良的品質,可是他們大部分人賺到錢了嗎?好像沒有。

根據中國國家統計局發布的資料顯示,截至 2024 年底,中國靈活就業人員突破 2 億人,占勞動人口比例三分之一。《2022 中國零工經濟行業研究報告》預測,中國靈活就業人員到 2036 年或將達到 4 億人。

靈活就業其實就是無業,沒有穩定的工作,處於不斷找工作、失業、再找工作、再失業的循環。

如果大環境不好,錢沒有多少,自己很辛苦,陪孩子家

人的時間很少，應酬特別多，身體越來越差。我認為這樣的努力和打拚意義並不大，在美國這幾年的生活，讓我體會到，你往生活的瓶子裡裝什麼，就決定了你的生活狀態。你往瓶子裡裝快樂，煩惱就沒了；你往瓶子裡裝簡單，複雜就沒了。

成熟的唯一感受，就是欲望越來越少，生活越來越簡單，思考問題也更加簡單，努力勤奮並不能致富，學會獨立思考，在人生重大問題做出正確選擇才更重要。

避免錯誤方向　建立正確認知

在人生的重大十字路口，認知是做出正確選擇的前提，前面講過如何提升認知，接著結合我自己的經歷，談談如何避免錯誤的方向。

我的體會是，這個世界上根本沒有體面的賺錢方式，都是賺到錢之後才能過得體面。這句話如何理解，仁者見仁，我的理解就是我自己的經歷，讓我明白一個最簡單的道理，在你賺到錢之前，要忍受很多常人無法忍受的痛苦，放下你的自尊，放下你的面子，按照你設定的方式去想去做，一旦事實證明你做對了，再去把面子和自尊撿回來。你成功的時候放個屁都是真理，你沒成功的時候任何真理都是個屁。

比特幣在 2024 年的最後一個月衝破 10 萬美元歷史高點，2025 年中更進一步突破 12 萬美元，要知道比特幣是在 2009 年出現的，它最初的價格還不到 1 美分，僅需 1 美元便可兌

換1,300個比特幣,若按照2025年中時的匯率換算,1美元相當於7.2元人民幣、29元台幣,也就是說,比特幣最初的價格大約是現在的1毛錢人民幣不到,而2025年一個比特幣的價格已來到84萬人民幣、350萬台幣。

2024年的10月,我43歲生日。也就是在我43歲這一天,我決定定期投資比特幣。

2022年8月17日,我買了人生第1個完整的比特幣,價格是2萬3,683.71美元,然後在2天後的2022年8月19日,我又買了第2個完整的比特幣,價格是2萬2,138.18美元,在隨後1年多的時間裡,我陸陸續續買進了差不多100個比特幣。你沒看錯,是100個,而且價格大概是1萬5,000到1萬8,000美元附近。也就是說,如果我自己不頻繁進出的話,我這100個比特幣的均價是在1萬7,000美元左右。

結果就是因為我自己後來的頻繁操作買賣,導致錯失這100個比特幣的大漲行情,按照2025年初的價格計算,就是1千多萬美元沒掌握住。當然了我不是說錯失這100個比特幣就能影響我的生活,或者說現在的生活又能有多大變化,沒有,多一個千萬和少一個千萬,都不會改變生活狀態,我還是我,我之所以分享我自己的操作經歷就是想提醒各位,虛擬貨幣頻繁操作獲利是有限的,也會像我一樣錯過人生中不可多得的賺錢機會。

雖然這些年股票獲利也很不錯,甚至超過虛擬貨幣的獲

利,但是畢竟是 100 個比特幣,人的一生可能也不會再有幾個這樣的財富增值機會,這讓我意識到一個道理,在投資這種人生重大選擇題面前,一定要堅定對財富的認知,不能圖一時貪婪,更不能有投機的想法。之所以我持有 100 個比特幣以後頻繁操作,說白了就是人性的貪婪,總想快速獲利,下跌的時候想停損,上漲的時候追漲,其實就是犯了操作股票一樣的錯誤,追漲殺跌,最後收益率反而很低。對投資來說,時間才是財富的朋友。

為什麼我看好比特幣?6 年以後,當比特幣達到更高價值的時候,人們會回想到 2024 年 12 月和 2025 年初,有太多的跡象指向了這樣的前景。就像現在比特幣 10 萬美元的時候,我們回過頭看比特幣 500 元、1,000 元、1 萬元的感覺是一樣的。這些跡象包括:二進白宮的川普反覆強調建立美國的比特幣戰略儲備,投資機構貝萊德破天荒建議投資人將 2% 的資金分配給比特幣,比特幣 ETF 已經成為有史以來最成功的 ETF,橋水基金創辦人達里歐這樣的投資大佬也主張應該持有比特幣,持有大量比特幣的 MicroStrategy 在 2024 年被納入那斯達克 100 指數。

事後看來,十倍甚至幾十倍、百倍的投資回報明晃晃地擺在眼前,只是奇怪地好多人說絕不做接盤俠。

其實不只是比特幣,有很多投資機會都有足夠的時間等著人們上車,出於各種人性因素,仍有許多人拒絕相信,儘

管他們也到處找掙錢的機會。

我曾經分享過一個朋友在 10 多年前買了大概幾萬人民幣的比特幣，然後從中國搬家到美國後就忘了帳戶密碼，比特幣漲到 6 萬美元的時候，意外從倉庫找到了當時紀錄密碼的日記本，登錄以後發現當初的幾萬人民幣變成了幾十萬美元，這就是意外驚喜，這件事讓他開始認真投資比特幣。

我也是聽了這個故事之後開始買比特幣，可是我在財富的面前並沒認真操作，反而做出了錯誤的操作，應該提早定期投資而不是投機，不過現在也不算晚。

也許只有自己吃過了虧，眼睜睜看著財富從自己手裡溜走，才懂得做出正確的選擇。

漁夫出海前並不知道魚在哪裡，但是漁夫選擇出海，而不是進山。大海就是方向，背道而馳只會離目標越來越遠，認清方向做出選擇才有機會，機會屬於尋找機會的人。

那麼普通人如何做呢？

面對選擇 先冷靜算風險再行動

當你的人生迎來選擇的時候，要第一時間對這個選擇的後果進行分析，在你的能力範圍內，如果這個選擇的最壞結果是你能夠承受的，或者在利弊之間衡量的話，利大於弊，那麼你就可以去嘗試，只是成年人要為自己的選擇負責，同時要對自己選擇的風險仔細評估。

如何辨識自己是否陷入錯誤的努力？無論工作還是投資，當你發現你的選擇是長期堅持得不到回報的，那麼就應該及時停損。

一份工作，如果你的目的是為了累積經驗，就要有目的地去做，學習你不懂的內容，為自己的目標積攢經歷，透過別人的錯誤讓自己避免錯誤，是最快的捷徑。如果一件事情別人已經做過，事實證明是行不通的，那麼盡量不要讓自己再次重複這個錯誤，這種時間成本是無效的嘗試。

投資也是一樣，如果你對所選擇的標的不是那麼了解，不要貿然投入，先詳細認真調查你選擇的投資標的，之後再嘗試小額投入。投資這種事情如果不是自己用錢去嘗試，是不太有切身體會的，但不要一開始就重押，小筆資金嘗試往往可以讓你更加謹慎，風險更小。

現在是資訊發達、工具更加智慧化的時代，所以在嘗試重大選擇時可以有效利用工具去判斷。

不要看別人怎麼說，要看別人怎麼做。一個人說得再好聽，都不一定是他真實的想法，一個人真正去做的，才是他內心真實想法的體現。所謂說一千遍不如做一遍。

生活、學習、工作、投資，面臨人生中的各種選擇，都可以用現代化的工具去提前預判結果和可能出現的情況，提早做出準備。

我選擇一檔股票前，要先了解基本面是否為符合時代背

景的行業，然後我會利用人工智慧工具了解可能出現的情況，以及近期發生的新聞資訊，利多和利空我都會衡量對比，然後才會選擇合適的機會投資。

在賺錢這件事上，當身邊大多數人都去做的時候，往往已經到了不賺錢的週期。

如果你發現身邊大多數人都不屑一顧的事情，可能機會就在眼前。就像比特幣在 10 幾年前不被看好，現在大多數人還是認為這是虛擬的東西，看不到、摸不到、不可靠，沒有能力和認知去投資這個數位化貨幣。而根據二八定律，大多數人不看好的事情，往往是有機會的領域。

Note

- *Part 3* -

工作與投資
普通人如何累積資本？

普通人如何用有限的資源慢慢累積財富，
並透過投資加速資產累積，達到財務自由？

引言

前文提到了普通人賺第 1 桶金的管道，最快的方式是透過灰色產業，而尋找與之有關的行業就是第 1 步。

如果你知道了要做符合時代背景的行業，做順應時代的事情，做未來發展潛力的行業。如果你已經確立了目標，知道了資訊差，也有了對賺錢這件事的認知，知道了未來發展的領域在哪裡，那麼，我們需要結合自身的情況進行合理規劃。沒有人可以隨隨便便賺到錢，所謂的無腦賺錢其實是透過自身認知長期累積的結果。

以我自己為例，沒有在中國從商的經歷就沒有對社會的認知，沒有在媒體從業的經歷就沒有對社會的深度認識，沒有家庭的薰陶就沒有出國的想法，沒有家人的支持就沒有移民的可能，沒有移民美國的經歷就沒有投資美股的開始，沒有投資美股就沒有提前退休，就沒有我現在的分享。看似簡單的人生經歷，實際上一環套一環，環環相扣，每一步都需要前一步的鋪陳。

人生的經歷都是一環套一環，每一步都不會缺少。希望透過我的經歷分享，幫助大家少走一些彎路，及早提升對社會的認知。

我們知道了未來 20 年人類社會發展的時代風口在哪裡，

需要做的就是尋找賺錢的行業。

如果你現在讀大學，那太好了，你甚至可以讀完我的分享後，重新選擇你的專業方向。如果你已經開始考慮賺錢，或者已經開始賺錢，但是又沒賺到太多錢的話，那麼按照我說的去做，可以達到事半功倍的效果。

先說時代大運。這個時代大運有玄學的因素，所以僅僅代表我個人的判斷因素之一，大家可以當作一個娛樂參考話題去看待。未來走九紫離火運的20年，行業發展趨勢在哪裡？九紫離火我們應該怎麼布局才能實現財務自由？

首先需要知道的是，你目前擁有的一切，你的生活、家庭、伴侶、工作、愛好、經驗，都會成為禁錮你思維的枷鎖。經驗會侷限你的思維，尤其是特別自信的人，明明你很普通，卻認為自己很特別，懷才不遇也許是因為你本來就沒才，不是千里馬所以遇不到伯樂。

你必須認清自己，才能站在更高的角度去思考如何賺錢這件事。

其次是你掙錢的經驗，都會成為經驗主義的絆腳石，比如說你之前月薪是1萬元，後來加薪到2萬元，隨著經驗累積，當月薪超過10萬元時，你會認為自己達到行業天花板了，

你會安於現狀,而忘了你可能還可以月入 100 萬元。盲目自信不可以,安於現狀也不好,兩者如何把握,需要你對自己進行客觀理性分析。既不能盲目自大,也不要錯失良機。

一旦你進了月領 10 萬元的階段,每天疲於奔命,出賣身體的極限,透支健康換取報酬,壓力上癮,那麼 100 萬的可能就會離你遠去。你在 10 萬月薪的反覆過程中背負房貸、車貸、子女教育金,失去了自我思考。

傳統的賺錢方式,不管是買賣賺差價還是利用資訊差賺差價,本質都一樣,門檻不高,一旦做的人多了,競爭者出現,就容易陷入過度競爭,導致最後失去利潤或市場。

有人做一個行業 10 年、20 年依然採用過去的行銷模式,研究客戶心理、銷售話術、銷售表格這一套老方法,理論上沒問題,但就是沒獲得市場認可。

你得知道,你賺不到認知以外的錢,我們需要做的就是跳出你固有的 Box,在認知範圍內實現財務自由。

第 5 章
尋找賺錢行業
站上時代風口

向大家簡單介紹史丹佛大學一個非常著名的商業實驗，實驗內容是這樣的：史丹佛的輔導老師集合班上的 MBA 學生，每人給 5 美元，把他們放出去，看看他們在 2 個小時之內能把 5 美元變成多少錢。然後，請注意！這裡是重點，每個人上台做 3 分鐘的宣講，分享自己怎麼賺到這些錢。

如果是你，你會怎麼做？很多人的思維是這樣的，5 美元買點氣球棒棒糖，掙個差價，看能掙多少。比方說 5 美元買，能不能 8 美元、10 美元賣出去。這個就是傳統的交易，利用資訊差進行價值獲益，賺取差價。

這種思維可能更在乎的是談判技巧，在乎自己的貨源，還有就是找能賣高價的地方，比如說包裝一下，或者找一個高級商場、高級生活區，1 塊錢批發來的水果，在收入低的地方賣 1 塊 5，在高級生活區則能賣 3 塊錢，那麼最厲害也就是賺 2 倍、3 倍，再貴就不太可能了，因為水果的價值在那，你不可能把 1 塊錢的水果賣 100 塊，因為市場價格是幾乎透明的。

這個實驗充分告訴你什麼叫做真正意義的教育，這樣的教育方式只有一個邏輯——**Think Out Of The Box，就是「在箱子外面思考」，這裡的 Box 不是指物理意義的箱子，而是指規則、規矩，或者叫思維定勢、經驗主義。一旦進入箱子，進入規則，或者進到別人的規則裡，進到自己的經驗主義裡，**

你就只能按照別人的規則去辦事。

跳脫規則思考 3 分鐘利潤 130 倍

史丹佛大學的學生意識到了，這 5 美元可能已經是定錨他們思維的 bug 了，因此他們跳脫規則，根本不去考慮這 5 美元，而是開始利用這 2 個小時去做利益最大化的工作，有人去做家教，2 個小時有些人就賺到 100、200 美元，這就是「Think Out Of The Box」。

其實，2 個小時也是一個 Box，有人能跳脫用 5 美元賺錢這個規則，卻沒跳脫 2 小時的限制。

其中真正厲害的是一個小團隊，這個團隊發現既然 2 個小時也是限制條件，真正有意義、有價值的是後面 3 分鐘的分享，就將這 3 分鐘賣給一家獵人頭公司，讓獵人頭公司用這 3 分鐘宣傳公司使命、願景、價值觀等，等於做了一個 3 分鐘的廣告，讓他們有機會招聘史丹佛大學的學生們。同時這個團隊也完成了 3 分鐘的任務，藉此賺到了 650 美元，相比 5 美元，等於足足賺了 130 倍。而獵人頭公司用 650 美元做了 3 分鐘招聘廣告，也很划算。

試想一下，生活中什麼東西的利潤可以高達 130 倍。我們賺錢要找高利潤的產品和行業，不要只抱著賣貨賺差價的傳統思維，也就是我們說的 Box。

說白了，在上面這個例子裡，核心資源就是 3 分鐘演講，

是史丹佛學生才有的機會,這個是壟斷的資源。必須做到壟斷,掌握資源,才可以賺到大錢。

你賺不到認知以外的錢,即便是暴富,也是在你認知範圍內,我們要跳出 Box,在認知範圍內實現財務自由。

賺到大錢的人一般有兩個經歷,一是無知的經歷,二是自大的經歷。因為無知所以自大,比如說在 25 歲賺到了 100 萬,沾沾自喜,覺得自己可以超越世界了。我就有這樣的經歷,畢業才 4 年,26 歲就賺了 100 萬人民幣,然後自大伴隨著無知一起經歷。當一個人遇到自我認知範圍以外的事情,經歷了從沒見過的人和事,自大就會瞬間消失,伴隨而來的是慚愧和無地自容,然後才開始尋找一生中暴富的機會。

26 歲就有 100 萬元,我是有點目中無人的感覺,隨後我開始學別人投資,但是我在投資領域的認知沒跟上賺錢的速度。

當時北京朝陽門外大街的昆泰大廈,是我在媒體行業開始工作的地方,我自以為靠著不錯的運氣加能力賺到了一些錢,開始沾沾自喜了。換一個行業可以學習新的東西,了解不同的行業,也不用在乎收入,就是人生巔峰了。

2007 年時,昆泰大廈後面開發了新的公寓,總價才 30 萬人民幣,我當時手裡的存款足夠買 2 間,還能剩不少錢。我當時所在媒體的同事們月薪也就是 7 千元左右,30 萬元的公寓很多人買不起。

我當時的想法和我一個同學類似，我不喜歡北京的天氣，覺得以後不會在北京定居，買北京的房子沒有用。我那個同學也是這樣想的，他畢業後去南方跟著一個老闆做房地產，當時正值中國房地產發展黃金時期，短短幾年賺到了人生第 1 桶金，當時也是到北京準備和女友結婚，他的朋友建議，投資 2 間東三環鳳凰城的房子，頭期款 50% 也用不了幾十萬。

　　我同學也是說了跟我一樣的話，又不在北京定居，投資房子幹嘛？

　　時隔也就 8 年時間吧，2015 年，昆泰大廈旁邊那個我說的公寓，就在外交部隔了一條街，市價漲到 400 多萬人民幣。我一念之差和 800 萬元失之交臂。

　　我同學應該比我更後悔，據說最高點的時候鳳凰城的房子一間市價 3 千萬元，即便是中國的房地產在 2019 年之後出現大範圍的降價，鳳凰城在 2025 年的二手房市場，三室兩廳的價格也要 2 千多萬。

　　以上與財富失之交臂的親歷故事，說明了年輕時對行業的趨勢認知有障礙，沒有賺到認知以外的錢，也沒有看清楚時代的大趨勢。

20 年離火運啟動　心靈財必須把握

　　從 2024 年開始，地球，也就是人類正式進入修行時代。單純的物質時代即將結束，精神世界的時代即將開始，所以

2024 年開始最重要的事情就是完成自我認知的升級，誰的認知更廣、更接近財富，誰就先實現財務自由。

前面說的捨棄思維 Box，這 1、2 年是提升認知維度的關鍵時間，因為離火運就 20 年，你沒有太多時間可以行動，2 年時間考慮好布局，接下來就是收穫的 10 年，這 10 年你把握住了，就完成了人生的華麗轉變；如果沒把握住，那麼 20 年裡最後 4、5 年就是面臨破產的時間。

好比過去 20 年，中國有很多人看到有人在房地產發了財，買店面發了財，然後在 2019 年開始槓桿買房、買店鋪，結果被套在山頂，後悔莫及。投資實體生意也是在 2018、2019 年開始就大範圍破產，所以未來 20 年，我們要避免曾經發生在別人身上的故事在自己身上重演。

理論上來講，九運是 2024～2043 年這 20 年。這 20 年裡，離火作為運中主氣，真正主事的時間其實只有 13 年半，並且到了 2042 年時，其實離火之氣已經全部退完了。就好像過去的土運，其實 2013 年土運大勢已經褪去，中國房地產已經開始出現危機。

離卦是八卦中最特別的一個，它特別在什麼地方呢？

八卦是一個呈現資訊非常豐富的術數系統，它的任何一個因素蘊含豐富含義。比方說爻位，從下往上數，奇數位屬陽，偶數位屬陰，也就是初爻和三爻為陽位，二爻為陰位。

離火這個卦的基本特點就是「得位」。得位就是各居其

位,各司其職,每個人、每件事都處在自己該有的位置上、幹著自己該幹的事,這樣一來,整個社會大環境就運行非常順暢、非常和諧。

中間這個二爻的陰爻,代表的就是陰性的力量,也代表陰人、女人、隱性的、無形的、精神的等等,這些陰性能量會在離運中更為活躍、發揮更大的作用。從這一點來看,恐怕離運中會有很多男性變得越來越陰柔,偽娘會越來越多。在未來的綜藝舞台上可能會出現越來越多的小鮮肉一類的審美成為主流,那麼對應的整容、醫美跟化妝有關的行業都會越來越流行,而且會出現爆發的態勢。

在離運中,代表人們的注意力會更加關注在精神世界上,心理健康需求增加,而且會爆發——像玄學、心理學、哲學、佛學、身心靈修、精神之旅等這一類產業會蓬勃發展,變得非常興盛,在全球都會成為一門市值極高的產業。

在離運由於心靈產業的爆發,很有可能醞釀出一些身心解壓類的產業巨頭,從而規範化行業標準。

所以如果你屬於那種現在比較迷茫,沒有找到明確的事業方向,但是對玄學、身心靈修這些領域又感興趣,那現在不妨入行,因為這將是一個極其有潛力的行業,如果你有能力制定行業標準,更是潛力巨大。

再有就是前文提到的奶嘴娛樂產業會盛行,比如說現在已經深入人心的短影片,是獲取資訊影響人們生活的一個跨

時代改變，不管哪個國家，人們看短影片的時間堪比看書、打遊戲的時間，當然遊戲也是屬於這一類的經濟活動。本質上遊戲、娛樂、短影片、小說、有聲書，都是屬於文化媒介，歸屬於奶嘴娛樂經濟，就是可以讓人們獲取短暫緩解壓力的瞬間快樂產業。

「離」還代表一種極端的、燥烈的、不穩定的能量，這意味著離運這 20 年中，精神病人的數量在全世界都將劇烈飆升，人類從總體上也會容易更加情緒化、極端化，理性的力量會逐漸萎縮，所以我們生活中盡量接人待物和藹，友善對人，不要生氣，不要招惹別人，以免情緒化極端主義的人傷害自己。

離卦就是「離」，就是分離。所以，九運中人和人之間的關係會更疏離，社會原子化的程度也會加劇，離婚率和不結婚的人會增多，單身經濟和與此有關的行業都會爆發。全世界人口的離婚率都會上升、結婚率都會下降，且這一趨勢極其迅猛，寵物行業或寵物殯葬業也會增長。

提醒一下，隨著世界人口出生率的下降，儘快脫離和孩子有關的行業，比如說兒童服裝、玩具、嬰兒用品、嬰兒食品、幼稚園、早期教育，都會迅速下滑萎靡，離這些夕陽行業越遠越好。

「離」還代表離開、去世、死亡，所以殯葬業的服務產業也是爆發行業，殯葬業的利潤非常大，**屬於暴利行業。**

離運中人們會容易變得越來越膚淺，相較於消費品的使用價值，會更加在意形象帶來的附加價值——這提醒我們，也許接下來做任何生意，都要優先重視產品包裝，只要外表好看，人們不介意為垃圾付費。

　　此外，它也代表像剛才說的醫美、美容、化妝品、時尚業、裝飾品等這些和外表、顏值、外在有關的行業會蓬勃發展。

　　和玄學有關的算命、能量裝飾、情緒價值有關的小眾產業也是很好的發展方向。因為離火的本質，或者說火的本質，就是有形而無實，就是你可以看到它，但現實中它並沒有實際的東西，所以，**離火所對應現實的產業，字面理解即虛擬實境（Virtual reality，簡稱 VR）。下一個 20 年，虛擬實境的技術會逐漸完善，透過腦機介面或 VR 設備，人們將花費更多時間生活在虛擬世界中。**

　　未來任何行業都離不開 AI 人工智慧，比如說看屋，可以遠端虛擬看屋，參觀學校可以虛擬參觀遠端會議的模式，人與人交流也會是這種方式，類似於過去 20 年我們實現了視訊通話，未來 20 年我們會實現 VR 設備的對話，更接近現實，縮短距離感，與此有關的產品和行業都會增長。

　　另外，隨著過去幾十年科技的發明，中國人可能更遭食品危害，心腦血管疾病和癌症的趨勢驚人，與人們死亡、治病有關行業也會興盛，而且殯葬業本身就和火有關，人口高

齡化、殯葬業、墓地、臨終關懷等類似產業都比較容易賺錢。當然,並非所有人都適合這個行業。

關於九紫離火運適合哪些行業布局和發展,就說到這裡,接下來說最後一個關鍵內容,美股投資的關鍵邏輯。因為**美股也屬於九紫離火運興旺的領域。**

美股投資 2 大主軸:大盤 ETF ＋科技股

我用兩句話說清楚美股投資的邏輯,第一,永遠只投資連動大盤指數的大盤 ETF,未來 15 年只買科技股,AI、虛擬實境、機器人、太空以及能源有關的公司。大盤是對人類發展的信仰投資,是對世界經濟發展的投資。未來 15 年因為是離火運,所以只投資科技股,人工智慧領域,之所以是 15 年不是 20 年,因為 15 年左右離火運就會走向衰落,後面 5 年投資人工智慧風險巨大。

第二,美股大跌的時候準備好現金買入加碼,膽子大一點,大漲的時候懂得急流勇退,及時離場比吃最後一塊肉更重要。根據我操作特斯拉和輝達實現了瞬間暴富的經歷以後,我堅信總是有人能吃到最後一塊肉,但更多人是被套在半山腰,沒有什麼比你的資金被套好幾年更難受的事情了。

我們要清楚,人生有限,短短幾十年,我們賺錢的目的是養老、享受生活,是看看這個世界,而不是當守財奴、成為錢的奴隸。我們每個人終將是歷史中的塵埃,沒有人會永

遠記得我們，我們不需要為任何瑣碎的事情擔憂、焦慮，沒錢才是最大的焦慮。

「九紫離火運」這個概念來自中國傳統的玄空飛星風水學，屬於三元九運系統。有的人信，有的人不信，那麼如何從宏觀經濟的角度來解釋呢？

資訊時代已是我們身處的環境，資訊時代過後必然是科技再次爆發，在網路資訊時代中衍生出人工智慧革命的科技產物將影響我們的未來生活。輝達股票在 2024 年爆發，就是代表這個領域突破的重要節點。

2024 年後是 AI、大數據、量子科技等集中爆發的關鍵階段。科技力量正成為全球新經濟的核心生產力。全球經濟產業向「輕資產＋高智力密集」方向傾斜。

女性產業崛起的宏觀邏輯是女性教育水準和經濟獨立性提升，社會角色日益突顯，對經濟消費結構、就業結構產生深遠影響。女性社會地位會越來越重要，那麼女性經濟產業也就越來越發達。女性主導的消費趨勢（如美容、健康、親子教育）逐步成為增長引擎。

文化傳播方面，隨著資訊化發展，轉向人工智慧領域，數位內容、IP 經濟、網紅經濟、個人自媒體、虛擬現實等文化軟實力領域會迎來爆發，這都是從宏觀經濟角度闡述的。而從國家層面角度來闡述，未來將更加注重文化輸出和「精神文明領域競爭」。

從宏觀經濟角度來闡述以上未來科技發展和進步的領域，簡單來說就是，人類第 4 次工業革命——AI 人工智慧科技發展帶來的技術進步，女性獨立以及女性消費的崛起。經濟獨立、性別平權文化、數位化內容傳播的進一步發展，隨之帶來虛擬經濟的發展，人類心靈健康療癒方面的需求，注重精神健康的消費服務產業，以及隨之而來的人類對太空領域的探索技術，機器人應用技術等大跨度發展。

未來賺錢核心：AI 人工智慧、加密貨幣

2025 年了，賺錢的核心是什麼？這個問題如果放在 20 年前，很多人會告訴你，是人脈。這個答案沒有錯，不管是過去、現在還是將來，如果你有足夠有價值的人脈，賺錢就會多一些機會，比起沒有人脈的人，你賺錢的速度就會快一些。但我們需要搞清楚一件事，什麼是人脈？

你有個同學在警察局當局長，你在法院當法官，這叫人脈，你們有彼此利用的價值。

你有個同學在警察局當局長，你在超市當收銀員，這不叫人脈，只是關係不怎麼樣的同學，而且是幾乎沒有來往的老同學。

你是做外送的，你有個青梅竹馬在學校當校警，這個學校只有你能送外賣進去，你時常給你同學送點午餐啥的，這也叫人脈。你們彼此有利用價值。

這就看出來一個核心問題，彼此具有利用價值的關係才叫人脈，如果你足夠優秀，但是找你的人很普通，那麼這個人對你來說就沒有價值，你也不會重視。如果你很普通，你想找一個比你優秀的人搭上關係，得看看有沒有機會，就算你們是親戚，可能都沒什麼用。

人脈不是兄弟們聚在一起喝喝酒、吹吹牛，那最多叫酒肉哥們，人脈是能在一起喝酒，各自都很成功，然後互相成就，彼此之間產生更有價值的聯繫，這才叫人脈。

人脈不是你求來的，是相互吸引產生價值而來的。說得再直白點，人脈是可以互相帶來經濟利益的一種關係。我以上講的是我自身經歷的感悟。

我在電視台工作的時候，在台長安排的一次飯局上認識了省宣傳處處長，我是省台的科長，職務上是我的直屬上級，幾乎每週都要打交道，我們也幾乎每個月都要一起吃飯，只要有省電視台主辦的各種演出、比賽，以及文化宣傳方面演出的門票、各種音樂會、國外戲劇等等，我都會親自送給處長幾張貴賓票作為聯絡工作關係的小禮物。然後，他會在適當的時候在我的直屬長官面前說我的好話，讓我得到一些物質的獎勵，還給我辦省委大院的車輛通行證，我可以在轄區範圍內暢通無阻，就是這樣的關係。我當時以為是人脈，4年時間的相處讓我有了這種錯覺。

類似這種我以為的人脈不僅有省裡的、市裡的，還有下

面縣裡的、交警部門、政府部門、私人企業等，我都以為是自己的人脈關係。直到後來我從省台辭職，自己做生意，曾經的人脈一下子沒了，我突然明白，你有利用價值的時候你就是人脈，你沒有利用價值的時候，就驗證了人走茶涼這四個字是多麼現實。

所以，人脈的前提是你必須對別人有用。沒有實力的話，就算你和總統認識都沒什麼用。當然了，你有實力，總統也想認識你。

明白人脈的道理以後，我們看看2025年賺錢的核心是什麼。在明白賺錢的核心這個問題之前，我們先看看2025年，世界有哪些變化。

2025年發生了什麼？2025年是非常有意思的一年，是歷史的時刻，21世紀，即將走完第1個25年，也就是本世紀的四分之一時間。

任何世紀的頭25年都會給人一種定調的感覺。想想20世紀的前25年：1903年，萊特兄弟在北卡羅來納州開啟了航空旅行時代。1917年，布爾什維克攻占冬宮，推翻了沙皇政府，為俄羅斯進入蘇維埃時代鋪平了道路。僅僅2年後，1919年，《凡爾賽條約》重新劃定了歐洲的版圖，促成了希特勒的崛起，並最終導致了第2次世界大戰。

那麼，根據21世紀前25年的情況，我們能夠預測21世紀接下來的75年會是什麼樣子嗎？

荷蘭在2000年成為了第1個同性婚姻合法化的國家，從那以後，有超過35個國家效法。然後，2001年9月11日，美國遭受恐怖攻擊，引發了美國在中東的反恐戰爭。

Facebook（後改名為Meta）於2004年首次亮相，第1款iPhone於2007年發布，兩者深刻地改變了人類交流甚至存在的方式——無論是線上還是現實生活中。

歐巴馬在2008年當選美國第1位黑人總統，在2009年就職，就在比特幣發起第1筆交易之後。2010年，中國成為世界第2大經濟體。2016年，一款人工智慧電腦程式在複雜的圍棋比賽中擊敗了當時的世界冠軍李世石。

2020年，Covid-19疫情全球蔓延，使世界進入封鎖狀態，並使遠端工作常態化。敘利亞、烏克蘭和俄羅斯的戰爭導致數以百萬計人口流離失所。

在21世紀的第1個25年接近尾聲的時候，人類在繼續偉大與毀滅之間搖擺不定。人工智慧革命一觸即發，同時我們也面臨著核戰爭的威脅。2025年，是我們既可怕又美好的一年。這一年足以改變這個世界。

我們簡單回顧一下2025年1月發生了什麼大事。

首先2025的1月20日開始，美國第47任總統就職，川普第2次進入白宮，這就意味著美國以及世界都會發生重大改變，人類歷史的進程也會加快。共和黨目前掌控了美國政府的三大機構——白宮、參議院和眾議院。

就在川普就職的前一天，以川普名字命名的 Meme 幣（迷因幣）發行，在發布的 24 小時後市值突破 800 億美元，隨後第 2 天，第一夫人也發布了 Melania Meme 幣。而川普上任第 1 天，就簽署了一項國家能源緊急狀態法案，以加速基礎設施審核。

1 月 21 日，比特幣價格突破歷史新高，達到 10 萬 6,000 美元；1 月 22 日，川普宣布星際之門（Stargate）計畫，總投資 5,000 億美元，布局美國的人工智慧基礎設施。

而第 1 個建立在德州的資料中心讓美國在全球 AI 資料中心成為最大、也布局最多的國家，軟銀的投資把全球 AI 技術推向一個新的時代。

截至 1 月 22 日，MicroStrategy（MSTR）共計擁有 45 萬個比特幣，成為世界上擁有比特幣最多的私人公司，截至 8 月中旬，更持有 63 萬 2,457 個比特幣。

1 月 23 日，白宮發布總統行政令，加強美國在數位金融技術領域的領導地位。總統建立數位資產市場工作小組，其任務是建立一個管理數位資產的聯邦層面的監管框架，並評估戰略儲備的創建。

1 月 23 日，川普在達沃斯世界經濟會議發言，確立美國將成為世界加密貨幣之都。

1 月 23 日，美國 SAB121 法案撤銷，也就是說正式撤銷阻止銀行託管加密貨幣的規定。

也是 1 月 23 日，OpenAI 宣布推出一款名為 Operator 的 AI 工具，能夠幫助用戶完成預訂航班、規劃購物清單，甚至直接完成線上購買等任務。這標誌著 OpenAI 正式加入開發 AI 代理的科技公司行列，也標誌著 AI 代理將會進一步普及滲透，為生產力帶來革命性變化。

大家發現沒，**川普上任後不到 72 小時，就發布了一系列關於加密貨幣和 AI 人工智慧的決策。**這種史無前例的行為再次向我們展示了美國未來的方向，或者說是世界科技的方向。

AI 是世界的大勢所趨，隨著技術不斷突破和應用場景擴展，AI 將對各個行業產生深遠影響。AI 的發展背後是量子計算、核電、晶片、機器人、自動駕駛、無人機、太空等領域的聯動效應。

再看比特幣，比特幣全網算力在過去的幾個月內平均每個月上漲 10%，當前全網算力已經達到 110.45T。這是什麼概念呢？就是差不多 7,500 台螞蟻 S21Pro 礦機一天才能挖到 1 個比特幣，7,500 台礦機的成本 3,600 萬美元，也就是說，至少先投資 3,600 萬美元，一天才能挖到 1 個比特幣，這還不算礦場的投資成本。

所以 10 萬美元以下的比特幣是真不貴，這就意味著比特幣真正的牛市還沒到來。未來的稀缺性會讓比特幣更值得擁有。但是我也認為，10 萬美元以上的比特幣對於大多數家庭

來說,已經不太適合了,將來擁有比特幣的個人會越來越少,對於我們現在看到比特幣未來的人,或者說開始進入到加密貨幣投資領域的人來說,更應該珍惜你手裡的比特幣。

說到這裡,有的人可能已經得到答案了,**2025 年之後,賺錢的核心不再是人脈,而是你對世界局勢的認知,提升認知打破人脈的界限,展望未來的趨勢,順應時代的發展,做風口上的事情,才能真正賺到錢。**

普通人賺錢的致命傷 不願花時間等待

大家想一下,錢是什麼,你對錢的認識又是怎樣?有的人說錢是有價值的,廢話,我當然知道錢是有價值的。但是錢的價值體現需要很多因素,比如說貨幣屬性、國家背書、政府認可、市場調控、國際匯率、通膨指數、物價指數、工業品價格等諸多因素的影響,才讓我們手裡的鈔票有各種不同的價值或者說價格。

自從人類文明誕生以來,貨幣一直和黃金作為價值衡量關係。黃金也是各個國家當今政府的央行儲備。

我們衡量你的貨幣有多少購買價值,通常是由你所生活的地區和年代所決定,貨幣的購買力並非一成不變,隨著時間推移,貨幣購買力會逐年下降。

同樣是 1 美元,1907 年可以買一雙皮鞋;20 世紀初,1 美元可以買一條圍裙;1920 年代,1 美元可以買 5 磅白糖;

1940年代，1美元可以買20瓶可樂；1960年代，1美元可以買2張電影票；到了1980年代也就是我出生的年代，1美元可以購買一瓶番茄醬；1990年代，1美元可以買1加侖牛奶；到了21世紀初期網路泡沫時代，1美元可以買一個漢堡。

20多年過去了，我們的收入不斷增加，但實際上並不是你手裡的錢增加了，也不是你的購買力增加了，而是通膨更加嚴重了，1美元的購買力也逐步下降。2025年的今天，1美元在美國，可以用特價優惠券購買一杯麥當勞咖啡。你所生活的地區或者國家，1美元能買什麼？

我囉嗦了這麼多，到底想表達什麼呢？我想說的是，大家都在賺錢，無論你在美國、日本、中國還是世界上其他任何角落，只要是個人，他的想法就是賺更多錢。這個觀點不接受反駁。為什麼呢？因為錢可以交換你需要的物質需求。

反過來說，賺錢這個過程其實也是交換本質，你用時間、精力、智慧、體力、腦力去交換你需要的金錢，然後再用金錢去交換你想要的東西，不管是一輛車、一棟房子、一台電腦、一部手機、一個包，都需要用錢交換，實際上你會發現這個過程就是你付出你有的東西，交換金錢以後再去交換你想要的東西。你也可以叫做「購買」，購買的本質就是交換。

在這個交換的過程中我們發現一個重要的問題，那就是交換（買）東西的時候你付出了金錢，賺錢時你付出了你的時間、精力、體力、腦力，也就是說你一定是用一個東西去

換另外一個東西。

那麼問題來了，我一直在分享自己投資股票和加密貨幣的過程，因為這個領域是普通人最容易暴富的方式（沒有之一），在投資股票和虛擬貨幣的時候，你付出了什麼，換來了什麼？

我一直強調短線交易就是零和遊戲，你賺到的錢是別人虧掉的錢，長線投資是價值投資，你賺的是美國經濟增長的價值利益。那麼在美股市場和加密貨幣市場賺錢最主要的關鍵問題，就是你要付出什麼。

你願意付出風險，那麼做短線交易是風險最大的。如果你不願意付出風險，那麼就做長線價值投資。

什麼是零和遊戲？打麻將就是零和遊戲，四個人打麻將，一個人贏錢，贏的是其他三個人輸的錢，而一輪麻將打下來總成績永遠是零，你們四個人的本金加在一起並沒有增長，只是從一個人換到別人手裡，或者別人換到你手裡，一直這樣交換下去。直到其中一個人本金輸完，那麼他原本的錢就在其他三個人手裡。但是打麻將消耗了什麼嗎？你不是說交換嗎？對！你們付出了同樣的時間成本。而且打麻將可以帶來心理的愉快和開心的感覺，這個感覺就是你們得到的結果，時間是你們一起付出的交換物品。

短線操作也就是說短期內公司市值沒有什麼變化，基本面也沒變化，但是你賺到錢了，必然是錢的轉換。

反過來看長線交易，相當於你購買了一個有投資價值公司的股份，你購買了一份股權，然後你把錢放在股市裡作為交換的東西。然後這個公司會隨著研發新產品，擴大生產規模，研發出有價值的商品，提供更多市場服務，公司價值增長，市值也在增加，你的股權就發生了變化。原本值 100 美元的股權，經過時間所發生的價值變化，變成了 150 美元，多出來的 50 美元就是你的投資收益，這就是你付出時間等待成本的收益，也是你當初投資這個股票的眼光帶來的收益。

賺錢最關鍵的問題就有了答案——那就是你是否願意付出時間成本去等待持股獲得價值增長。

有些人幻想一夜暴富，這個世界上有沒有一夜暴富？有！買彩券就屬於一夜暴富，突然出現一個親爹，過來認失散多年的兒子，這個親爹是個富豪，這也屬於一夜暴富。

但是大家想一下，彩券也好、親爹也好，遇到的機率有多大？

相較你購買一家有成長價值公司的股票，付出一定的時間成本換取將來的增長價值，是不是比買彩券和遇到富豪親爹可靠多了？

這個道理大家都明白，也了解長線投資的價值，可是為什麼很多人還是癡迷於短線交易呢？因為人性貪婪，幻想一夜暴富的心理。所以今天我想和大家共勉。

李笑來曾為比特幣首富，2011 年他以均價 6 美元購入

2,100 個比特幣,而後價格暴跌至 1 美元以下,資產瞬間大幅縮水 97%。

趙長鵬榮登《Forbes》(富比世)富豪榜,2014 年他毅然賣掉上海房產,孤注一擲全部梭哈比特幣,遭遇一路狂跌,陷入深深的後悔與無助的艱難。

趙東身為交易大佬,2013 年他豪擲 100 萬元買入 2,000 個比特幣,資產一度上億,然而 2014 年期貨 3 次爆倉,累計虧損 15 億並背負 6,000 萬債務。

在當下,太多人往往只著眼於眼前的利益,卻全然忽視了未來的市值走向。

這一特殊的投資領域,是很多人沒有機會接觸的。若無法承受從 100 萬元銳減至 50 萬元的巨大恐慌與心理壓力,你就難以期待從 100 萬元暴漲至 300 萬元的巨額財富回報與驚喜。

投資美股 7 年了,我經歷過從 50 萬元到 400 萬元的驚喜,也經歷過用槓桿被平倉幾十萬的恐懼。

2025 年川普上任以後,2 月下旬美股開始回檔並持續走低,關稅政策作為導火線,使得美股標普 500 指數從 6,100 點回檔到 4,800 點,幅度驟降 20% 以上。

這期間美股恐慌指數一再走高,我認為是歷史上難得的加碼買入機會,如果你不能在大家都恐慌的時候勇敢買入,就不能在美國經濟回穩、美股大漲之際坐享收益,當然操作

美股不是無腦買入，必須控制資金部位分批操作，同時也要做選擇權 sell call（賣出買權）對沖帳面損失，第 7 章會說到我自己的操作方法。

既然我們知道了賺錢最致命問題的答案，那麼我們只需要選擇有成長價值公司的股票，買入，然後付出時間等待就好了。

普通人透過投資美股和比特幣是最快實現財務自由的方式，而定期投資持有才是最保險的投資方式，短線操作不適合所有人。我希望我在 YouTube 頻道分享的美股操作資訊，能夠提供你有價值的資訊，讓你成為金錢的朋友。

# 第 6 章
別傻傻存錢
普通人如何加速財富增長？

大家都知道一個道理，銀行是靠什麼賺錢的？是靠存戶的存款，貸款賺利息差賺錢的，這是銀行的獲利模式。

從銀行的獲利模式可以得出 2 個結論：一是銀行付給存戶的利息一定越低越好，這樣銀行才能賺更多利息；二是銀行貸款收的利息肯定越高越好，這樣銀行才能賺更多利息。

那麼我們看看如果錢存在銀行，吃利息會比較划算嗎？

中國人喜歡存錢這是一個不爭的事實，中國居民存款儲蓄比例也遠高於世界平均水準。喜歡存錢按理說是一個好習慣，理論上可以幫助我們累積財富。可是從另一個角度來說，存錢會越來越窮。

牛肉麵理論 告訴你為何越存越窮

我來介紹一個牛肉麵理論：20 年前你有 1 萬元可以買 4,000 碗牛肉麵，20 年後你存在銀行裡的 1 萬元變成了 2 萬元，但只能買 1,000 碗牛肉麵，看似你的資產增值了 1 倍，但是換算成牛肉麵少了 3,000 碗，這個就是通膨在蠶食你的資產購買力。

比這個現實更加殘酷的真相是，生活在中國的大多數人都沒有更好的賺錢管道。如今的自媒體也出現了很多對比境外生存環境更加糟糕的斷章取義影片，可能會讓很多人尋找一些存在感和滿足感，但是我要告訴你的是，無論你生活的國家多麼強大，無論你的國家多麼遙遙領先，你銀行帳戶裡

的數字才是你的真實生活。普通人的購買力，決定了生活的幸福感。

牛肉麵理論的本質就是，通膨在悄悄蠶食你的存款，存錢並不會讓你變富，反而會讓你越來越窮。

接下來說明我為什麼持續投資的觀點：第一、投資的前提是保證穩定收益；第二、一定要用閒錢投資；第三、爭取最大限度收益；第四、熱愛生活及時享樂。以下詳細解釋一下這4個觀點：

一、保證穩定收益

你的資產要透過哪種方式保存才能獲得穩定收益，這是基礎問題。我們活著首先要解決的是生存問題，日常吃喝用，你必須付房租、房屋稅、保險、孩子教育費、吃喝拉撒、水電費、網路費、電話費、油錢等等，我們每個人都離不開的費用怎麼去滿足？

前面說了，銀行存款顯然是無法保證穩定收益的，因為連通膨都跑不贏，是最愚蠢的理財方式。

如果你上班、打工，包括當老闆給自己打工也是一樣，壓力更大。以美國為例，如果你單身月薪5,000美元，可能只是達到了餓不死的標準，生活仍然壓力很大，畢竟加州的生活成本很高，Costco買一盒品質不錯的牛排就要100多美元，如果你單身、月薪1萬美元，那麼只能說你可以擁有一

些小愛好,想要全世界自由旅行還差一點。

根據金融網站「DQYDJ」彙整的人口普查資料,舊金山都會區「富裕」家庭2022年的年收入門檻為70萬3,000美元,聖荷西的富裕門檻更高,每年收入需要86萬美元。這是3年前的資料,我們看到的標準已經落後了3年。

也許我舉的例子比較極端,畢竟灣區的消費水準是全美數一數二的。個人理財網站「Bankrate」指出,在全國範圍內,美國人平均年收入必須至少23萬3,000美元,才能感受到財務安全,但此與財務自由的感覺不同。這是一個全美的統計資料。也就是說,你的收入低於23萬美元,你就會有危機感。

這裡我不得不點出一個赤裸裸的現實,如果你在美國生活,收入低於23萬美元,那麼你就談不上理財和投資,你必須每天專注於如何保證維持自己的基本生活問題。

那麼我現在是怎麼透過穩定的被動收益來保證維持基本生活呢?一是房租收益,我在過去幾年投資了幾間房產,收益率在6.5%左右,房租收入可以滿足日常生活;二是股票,股票是我目前主要的收入來源,雖然短期或許並不能帶來太多收益,但是以年為單位來看,我的股票帳戶收益率還不錯,應該超過全美大部分家庭的收入水準。

⑤ 二、用閒錢投資

幾年前我剛來美國時,對美股一竅不通,甚至開戶都諮

詢了好幾天,但是我認為我當時開的第 1 輛特斯拉很酷,是人類駕駛的未來,於是我把當時的所有存款都買了特斯拉股票,狗屎運加持或是我財運不錯,讓我可以提前退休,而且有閒錢用於繼續投資。

但不是每個人都有狗屎運,那麼現在開始,把你每月收入的一部分用來投資,不要讓你的錢躺在銀行裡,而要在股票帳戶裡為你賺錢,不是躺著被通膨吞噬。

如果你不懂股票也不知道買哪檔,就買那斯達克指數 ETF(如 QQQ)、標普 500 指數 ETF(如 VOO),做好 5 年、10 年不動的投資計畫。每月收入 1 萬元,你以前如果是 2,000 元存銀行,現在把它轉到股票帳戶,買大盤 ETF,不要看價格,也不要關心短期波動,買完就不管了,就當定存。另外,把你的退休帳戶買滿,美國的 Roth IRA 退休帳戶每年有 7,000 美元額度,買滿,每年 1 月 1 日就存進 7,000 美元買大盤指數基金。65 歲以後是免稅的,其他閒錢也買滿,不要猶豫。

永遠不要用賭博的心態去買股票,更不要槓桿資金全砸進去,短線投資是零和遊戲,不是贏就是輸,贏了靠運氣,輸了沒脾氣,長線投資才是價值投資,你即便不懂任何投資知識,和通膨打成平手,起碼存款購買力沒下降。

💲 三、爭取最大限度收益

如果你不是 75 歲以上,完全搞不懂智慧手機和各種金融

資料,那麼你應該盡早學習股票和加密貨幣投資。朋友們,2025 年了,不要再認為加密貨幣是龐氏騙局了。

2011 年以來,比特幣的累計漲幅已逾 20 萬倍,遠超過那斯達克 100 指數和美國大型股指數的 541% 和 282% 累計漲幅。

比特幣的年化報酬率 230%,比表現第 2 好的資產類別那斯達克 100 指數高出 10 倍。同期,美國大型股的年化報酬率為 14%、高收益債券 5.4%,而黃金報酬率僅 1.5%。

現在已經在討論比特幣如何納入美國國家戰略儲備計畫,截至 2025 年 1 月 27 日,川普家族共買入 3 萬 9,242 個乙太坊,加密貨幣投資花費逾 2.2 億美元,我們不討論背後的邏輯,也不解釋加密貨幣的基礎知識,你只需要知道一個現實,如果現在你還沒有布局加密貨幣,那麼可能 5 年或 10 年後,你就會遠遠落後時代。

也許你會覺得危言聳聽,中國在 1980 年代之前、執行計畫經濟時,很多人「投機倒把」,從深圳、廣州批發一些電子產品運到北方去賣,「投機倒把」在 70 年代是刑法裡的罪名。但是,1990 年代很多去廣東工作的人,就是透過低買高賣,成為改革開放後新中國的首批富豪。

2000 年初期,我們都還在用桌上型電腦,諾基亞還是黑白螢幕的時代,2007 年,蘋果發表了第 1 代沒有按鍵的蘋果手機,短短 20 年不到,看看你的手機已經是 iPhone17 系列,

連農村鄉下的大爺大媽都拿著手機刷短影片。上世紀末，當時讀大學的我們還在比誰的 BB Call 是摩托羅拉的，當時的你可以料想現在智慧手機的普及嗎？

同樣，20 年後，滿街都是比特幣的 ATM 機器，你用自己的電子錢包就可以從世界上任何角落的比特幣提款機取出當地的法定貨幣，也許你現在的一個比特幣，價值也就是 10 萬美元，20 年後，一個比特幣可能是 1 千萬美元，就像我們現在看 10 幾年前的比特幣一樣。

2010 年，比特幣的價格是 0.008 美元，1 美元可以換 125 個比特幣。2010 年 5 月 22 日，佛羅里達州居民 Laszlo 在比特幣論壇上發文說，願意「花 1 萬比特幣買幾個披薩……比如 2 個大披薩」，一名英國男子接受了 Laszlo 的提議，並寄出了他的 2 個披薩，以換取 1 萬個比特幣，當時這 2 個披薩支付了 41 美元。

這 1 萬個比特幣的升值幅度遠遠超過了 2010 年當天的 41 美元。按目前的價格計算，這 2 個披薩的價值超過了 10 億美元，號稱人類歷史上最貴的披薩。

說這麼多，只想表達一個觀點，用你認知範圍內的邏輯和知識儲備，讓你的資產實現當前最大限度的收益，**很顯然美股和比特幣是時代賦予我們最好的機遇**。你問我是怎麼具備美股年收益跑贏通膨的知識儲備呢？

實話說，在特斯拉讓我實現提前退休之前，我對美股沒

有太多研究,連基本的期權操作都不懂,是因為我不再為生活奔波,才有時間靜下心研究股票,研究適合我這種普通人的投資管道。有價值的資訊總是需要付出代價的,我也曾在一瞬間平倉損失幾十萬美元。但任何付出都是值得的,就是這種真金白銀的經驗,讓我對投資敬畏,開始系統學習股票。

很多知識都需要付費,我在股票投資上一年花費的課程和資訊費用就超過 3 千美元,所以才有了更多的投資經驗。不過,很多資訊不太適合普通人,所以我想分享自己的投資邏輯給更多人參考。

有人說,你不就是賣會員收割韭菜嗎?我的回覆是,任何人的認知都配得上自己的生活。舉個例子,2025 年 1 月 30 日,蘋果財報跳水,我第一時間發布會員資訊「蘋果跳水,235 買入一點建倉」,發布之前我就在 233.8 美元的位置買入了 2,500 股,隨後 15 分鐘左右,蘋果股票一下子跳漲到 247 美元,我的 2,500 股賣出,我也在會員頻道第一時間發資訊,短短十幾分鐘獲利 3 萬 3,000 美元。

這就是美股的魅力。我認為目前所有行業都沒有比美股的投資收益更好,比美股收益更高的賺錢方式應該都寫進刑法了。

美股是可以讓普通人實現財務自由的最佳投資管道,沒有之一。我特別感謝美股讓我提前退休,並且讓我的資產持續穩定增加。客觀講,現在大部分普通人能做到資產保值就

已經相當不錯,更別提增值了。

我們經常聽說雞蛋要放在不同的籃子,實際上,**依我的經歷,投資過於分散,只會降低財富的累積速度,所以我現在已經放棄銀行定期存款也就是美國的 CD 帳戶、美國債券這些收益率極低的投資方式。**

定期定額投資美股和加密貨幣,按照合理比例把資金分配到大盤 ETF 以及順應時代的行業,一定會提前實現財務自由。

💲 四、熱愛生活及時享樂

我說的及時享樂絕不是教你浪費時間,沉迷於酒精、遊戲、美色、甚至毒品這些讓你頹廢或毀掉人生的垃圾享樂。

有的人賺很多錢,但生活極度節儉,超出了自己賺錢的承受能力,這裡所說的超出是指消費認知和賺錢認知嚴重不符。我講過,我工作就是為了不工作。那麼現在我已經實現了不工作,我有機會、有時間分享我的賺錢邏輯,這完全得益於時代給我的平台。如果我不來美國、不知道 YouTube,如果我不會使用攝影器材、不會後製,如果我講不出來這些內容、沒有足夠的生活閱歷,那麼大家也不會認識我。所以要感謝時代賦予的機遇。人的一生很短,僅僅 3 萬天,我認為,你具備了賺錢能力就要去享受生活,不要辜負只有一次的人生。

出門不要委屈自己。錢，花出去叫錢，躺在帳戶裡就是數字，不要做守財奴。當然我不一定是對的，我的理念就是我不需要大房子，我不會為了享受海景房而每年付 5 萬美元的地產稅，我寧願住在現在的小別墅，錢都用在旅行上，多體驗世界的精彩。以後孩子大了，別墅不需要了，公寓就足夠，走到哪、住到哪，租房子幾個月花不了多少錢，美國護照能夠免簽的國家一定要在有生之年都走一遍，觀世界才有世界觀，這就是我的消費理念、也是我的情緒需求。

也許當你讀到這本書的時候，我已經在東京或者台北生活，也可能在新加坡。每個人需求不同，盡量在賺到錢後滿足自己。享受當下，是我的人生觀。

本書開頭我破除了一個生活在中國的錯誤認知，就是財富的獲取並非透過辛勤勞動，薪資不能讓普通人的財富增長，因為財富的來源是資產或是資源，而且是相對獨有的資源。

普通人可以透過自己的認知，透過累積和時間的沉澱獲得財富。

我出身普通的家庭，或者說普通家庭裡經濟條件不算差的，但也絕不是特別優越。我在 40 多歲時獲得了這一生足夠退休的財富，突然明白其實在此之前我也有機會提前退休，只是因為還不夠成熟，認知高度還不夠，所以錯失了幾次機會。

細心的讀者可能已經發現了，第 1 次我可以提前退休的

機會就在我 20 多歲賺到人生第 1 個 100 萬時，如果當時我投資房地產，利用銀行貸款的槓桿購買北京或上海的房地產，大概 10 年左右就可以實現基本的財務自由。

第 2 次就是在我剛移民美國時，如果把積蓄全部買比特幣而不是買股票，我也可以在 4 年左右實現累積更多財富。

當然我並不後悔買特斯拉股票，雖然收益沒有比特幣高，但也在我的認知範圍之內賺到了足夠提前退休的財富。

當賺到了足夠人生不用工作的財富之後，如何讓財富增值，是比賺取財富更難的命題。

俗話說「守財比發財難」。就比如在 20 多歲就獲得了超過自己認知層面的財富之後，並沒有考慮投資的問題。所以我覺得如果認知和財富不相符，也是比較麻煩的。

2006 年左右，我在鄭州工作。那一年鄭州很多城中村改造拆遷，造就一大批暴發戶。根據當時的拆遷補償方案，很多人都拿到巨額拆遷款。

當時中國很多城市如火如荼地開展拆遷改造工程。我認識一些人就是在這一次全國性的工程改造中實現財務自由。有的家庭得到了千萬元等級的拆遷款，聽說家庭財富也有上億的補償。不僅是現金補償，還有房產補償，有的家庭一次獲得十幾間房子。如果這些人合理進行資產配置，大概 10 年後變現，此生也不需要工作了，足夠全家衣食無憂。

但據我所知，這些人大部分都沒有進行有效的資產配置

和再投資,而是大家熟悉的一些揮霍財富行為陸續上演。

有的開始花天酒地,夜總會裡一夜花掉幾萬塊,我認識一個人大概半年就賣掉一間房子,每天在各種娛樂場所紙醉金迷,10間房子在幾年內就所剩無幾,最後不得不開始找工作,靠網路叫車營生,回去過多年前的那種日子。

還有的去澳門賭博,一夜之間資產歸零,不得不打工過日子。或是被詐騙集團盯上,購買各種理財、保險產品。中國過去十幾年裡發生大規模的理財公司暴雷事件,當中有很多受害者是因拆遷暴富的家庭。

總之,理財,讓財富增值,是比賺錢更難的一個問題。我比以前成熟了一些,懂得了資產增值的思維,也知道了穩妥是比暴富更安全的財富增長方式。

設好 3 投資帳戶　長期投資最穩妥

在特斯拉股票上賺到了財富之後,我先考察了美國的房地產,在美國的房價還不算高的時候,衡量了總價、地產稅、維護成本、收益率等幾個因素之後,一次投資了幾間房產,全額付清無貸款,以此作為租金收益,維持日常開銷。計畫持有 10 年以上,再根據以後的規劃決定繼續持有或賣出。

然後我把資金投入股票。**我開了 3 個不同的投資帳戶,一個長線持有只買不賣,一個短線操作,第三個就是退休金計畫的美國 IRA 帳戶。**其實還有一個股票帳戶,用來放一部

分資金賺取平台給的短期高額利息，到期後我會轉到長線帳戶裡。

我的考慮是這樣的：從我這些年的鑽研來看，美國股市短期波動比較大，對於非專業交易者來說，長期投資最穩妥。

華頓商學院教授席格爾（Jeremy Siegel）的《長線獲利之道：散戶投資正典》（Stocks For the Long Run），是1994年出版的金融學著作。此書分析了美股百年來估值變化和各類投資策略，其中有很多精彩資料和觀點，就算現在來看也是一本不可多得的投資寶典。

這本書分析了美國股市長期來看收益率高於債券，風險低於債券。

如果你做的是每月定期定額，最好的時間點是在月中，這是因為機構的資金流入一般在月末或月初，導致之後股價上漲。另外，美股有個9月魔咒，自1950年以來，9月是美股表現最差的一個月。這種歸納對新手來說非常有用，你可以無腦學習如何定期定額。

依我多年操作經驗來看，短線操作非常耗費精力和時間，對於沒時間盯盤的人來說，最好就是把你每月收入留一部分用於生活開支，剩下的錢投入美股，賺取長期的價值增長。

不過從2024年年底開始，我意識到投資比特幣也是一種價值投資，過去幾年我投機比特幣，就是短線操作，雖然也賺到了錢，但拉長時間來看，收益率並不高。

比如說均價 1.8 萬美元左右，我最多也有買進 100 個比特幣，成本 180 萬美元，但在比特幣漲到 2 萬美元出頭就陸續賣掉，總體獲利不多。如果長線持有，在比特幣 6 萬美元時就有 400 萬美元收益，如果留到 2025 年，可獲利 800 萬美元。

這項投資經歷讓我決定定期定額持有比特幣，做這個決定時比特幣價格在 10 萬美元左右，一次買入 100 個比特幣持有顯然是有些壓力的，所以我買了 10 個比特幣作為基本部位，再慢慢定期定額買入，每月分享我的買入過程和感受，這些內容我都放在 YouTube 頻道，作為自己的投資紀錄。

看看 6～7 年後我做定期定額總結時的比特幣價格如何，這部分資產是歸零還是持續上漲，時間會給出答案。

目前我分配在長線帳戶和短線帳戶的資金比例大概是 8：2，也就是長線 80%、短線 20%，而比特幣又占了長線帳戶資產的 30% 左右。

我在比特幣投資方面算是比較激進，風險和機會並存。一般來說加密貨幣占投資金額比例的 10% 就算冒險型投資，而我個人判斷未來還會陸續增加投入，這個比例不適合每個人。

「穩定」背後的陷阱 穩定地變窮

每個人都應該根據自己的情況規劃適合的投資模式，我的投資分配不適合所有人。

接下來我會根據年齡、資產情況、生活地區、家庭情況等，提供我的經驗和建議，這些經驗和建議不能讓你馬上財務自由、提前退休，但會加速讓你達成財務自由。

為什麼年輕人財務自由的機會越來越小？深層原因很多。

法國經濟學家皮凱提在《21世紀資本論》中有一個核心觀點，即西方社會資本報酬率遠高於勞動報酬率以及平均的實際經濟增長率，除了世界大戰等非常規影響因素縮小不平等差距外，財富分配一直以來都是向少數富人階層聚集，50%的國民收入都來自於前10%的收入者。

多少年輕人一旦想穩定，就是想選擇停滯，人生不太好的發展就是這麼開始的。

世界上沒有穩定這回事，這世上有只依賴家庭就能滿足的人，可是，那不是你們。而如果了解自己不是那種可以打麻將、做臉、修指甲就過一生的人，只要你還年輕，還有得選，骨子裡對自己有要求，那就永遠不要選擇什麼穩定。

剛畢業那幾年，不知道自己要什麼，整日渾渾噩噩，父母說公務員好，就考了公務員。你問問自己，真的懂什麼是穩定嗎？所謂的穩定，是穩定地窮。

一旦「穩定」下來，你的生活就和大多數窮人一樣，工作、家庭、孩子，日復一日，年復一年重複你習以為常的生活方式。

一旦「穩定」下來，你就會從內心接受這樣的生活是所有人一生所走的路，找一個和你一樣想法的伴侶，然後你們倆開始穩定地過著窮人的一生。

就這樣活到 40 歲之後，生活和家庭以及事業都毫無長進。這時候你才漸漸發現，所謂的穩定就是沒有競爭、沒有壓力，離開這個環境你就什麼都不是，你已經被這個環境禁錮。活在安逸裡，漸漸變成一個對生活毫無要求的人。

20 歲的你：好好思考人生

如果你單身，20 多歲，我建議你盡快放棄幻想，不要以個人愛好為工作的前提，因為愛好不一定能夠賺錢，大部分人是賺到錢之後才滿足自己的愛好。

比如說攝影、音樂、旅行、收藏，這些都是燒錢的愛好，如果你可以用愛好賺到很多錢，比如你是攝影師、歌手、玩樂隊、旅遊部落客、古玩交易者，那麼你可以繼續做你愛好的事情，順便賺錢，這種人是非常幸福的。但是大部分人都不能一邊投入愛好、一邊賺錢。

我 17 歲那一年買了我人生第 1 台相機，攝影和旅行是我此生最大的愛好，但是當我賺到足夠多的錢之前，都沒有條件去滿足這 2 個愛好。

說起來也挺遺憾，我在賺到人生第 1 個 100 萬時，沒有花時間用來滿足愛好，而是走進了人生的俗套，認知不夠，

沒有及時滿足愛好，做著自己並不太喜歡的工作，滿足內心那種傳統的工作需求，那個時候認為一個穩定的工作是人生巔峰，這就是我人生錯誤的選擇。如果再給我一次機會，我會毫不猶豫選擇愛好，而不是為了一個所謂體制內的工作失去很多人生的美好。

當然人生只有結果沒有如果。這就是我為什麼決定寫這本書的理由，以及我經營 YouTube 頻道的初衷。

我希望我的經驗可以幫助更多人，因為我們的成長經歷中缺乏有效的人生指導，導致我們財富累積很慢，甚至一生都不一定有機會實現財務自由。

還是回到第 1 個情況，**如果你 20 多歲、單身，這個階段有相當多的時間思考人生、思考賺錢、思考以後的生活。**不要急於步入家庭、走進婚姻，你應該找到一個能讓你盡快致富的工作和行業。

前面講了，一旦你追求所謂的穩定，大概這輩子就會穩定地窮下去。

能盡快賺到錢的行業一定不是絕對合法的行業，但也不能做非法的行業，而是不合法也不違法的灰色產業，這看你要怎麼理解。比特幣在中國目前不合法，但也不違法，美股在很多國家也不合法，但也不違法。其實也不完全是投資領域，還有很多行業是這樣的存在。

我有個朋友在洛杉磯從事色情片行業，這就是灰色產業，

投入不多，但製作週期很短，產出快，回收快，而且是持續收入。這種電影比我們拍 YouTube 成本低，收益週期持續比較久。台灣也有類似的成人影視行業製作團隊。當然我不是說讓你去學習進入成人電影業，只是一個例子。

這個世界上只要是滿足人的生理需求的行業，都是比較容易賺錢的行業，比如說色情電影、色情網站以及相關的成人行業，就是滿足性需要的基本需求。再比如遊戲行業，滿足的是人們的娛樂需求。賭博行業，滿足的是人們對金錢的欲望。

黃賭毒都是很容易讓人迷失的東西，多巴胺分泌的快樂促使很多人願意去嘗試，這些行業也更容易致富。可是我們討論的是利用人的本能需求幫助自己獲得財富，而不是讓自己沉溺其中不可自拔。要清楚自己的目的是獲取財富而不是揮霍青春。**前提是違法的事情不要去碰，這是原則問題。**

一旦你找到適合自己、能夠短期獲得超出平均收益的行業，就認真去做，收入用在你的投資配置布局，不管是股票或加密貨幣，穩定增長的、長期收益的都可以。你有了足夠的財富再去玩愛好，你的想法和心態就不一樣了。

沒錢的時候，你為了攢錢買一台哈蘇相機可能會犧牲很多時間和勞動付出，而愛好會占你儲蓄的很大一部分，心理壓力大，但多巴胺分泌只是暫時的，時間久了就沒那麼新鮮了。

當你有錢的時候，你可以為了愛好輕易就買一台哈蘇相

機,雖然多巴胺的分泌沒那麼強烈,但不會有心理壓力,你不必為了愛好而省吃儉用,愛好就是愛好,是為了帶來生活的快樂而不是經濟方面的心理壓力。

30歲的你: 為了家庭首要考慮環境

如果你已婚,30多歲。這個情況下,生活壓力會讓你失去更多思考的時間。家庭生活、婚姻生活會帶來很多冗繁瑣事,讓你停止思考。尤其是有了孩子後,你會關注孩子的開銷、上學、選學校,養育的壓力會毀掉大部分人,為了追求大部分人所謂的穩定生活,財務自由的道路就此戛然而止。

生2個以上甚至很多孩子的家庭有2種,一種是特別富有的家庭,可以規劃孩子們的未來,給孩子足夠的生活和教育保障,通常是有家產可以繼承的。第2種是特別窮的家庭,越窮越生,越生越窮。

我在一些採訪中提到過,所謂美國的快樂教育其實就是普通窮人的自我催眠,精英家庭絕對不存在快樂教育。下午2點多放學之後就沒有任何課業壓力,開始放縱孩子自由散漫地玩,享受快樂的童年時光,長大後找一份自己喜歡的工作,滿足日常生活,開開心心傻呵呵過一生,這是大部分社會底層的生活狀態。

有些人移民到美國後,特別渴望過著 Real American 的生活,大房子、大院子、陽光草地,生幾個孩子,養一隻狗,

白天幹活、晚上 BBQ，週末露營野外打獵。

正如我前面的觀點，Real American 其實就是美國中西部的農民生活，白天幹活，下午回家懶得做飯就開火烤牛排，馬鈴薯、啤酒、可樂、洋芋片是他們的主要食物。吃飽喝足後，晚上做夫妻都做的事情，日復一日，生很多孩子，他們的孩子也繼續這種 Real American 生活。

你會發現，這就是美國底層生活。除非你有父輩留給你的農場，農場主的生活是僱人勞動，需要具備一定的管理能力和對農作物、現代化設備的常識。

如果你在中國賺夠了錢，只是來美國安度下半生，那麼你完全可以過 Real American 生活，不僅如此，還可以買休旅車，走遍美國。美國走完了還有加拿大、墨西哥。

如果你還沒財務自由，還需要工作收入。那麼 Real American 生活可能只是你沒有實現的夢想，一旦你實現了，你會發現也許你並不喜歡。

住大房子，在加州或者是灣區，也就是矽谷，或者是紐約，都需要足夠多的錢，南加州可能需要 300 萬美元以上，紐約或許更貴，灣區則可能要 400 萬以上，地產稅就是一筆不小的開銷，好的社區還有 HOA 管理費，維護成本很高。去美國中部、南部房價會低很多，不過有一個問題也許沒來過美國的人會忽略，就是地產稅。

地產稅是地方政府的重要收入來源，學校、警局、消防

都需要地產稅支撐。

房價高的地方地產稅率低一點,房價低的州地產稅率高一點,我曾去密西根州考察過房產,房價不貴,70 萬美元就可以買一個湖景高檔住宅,大概有 4 千平方呎(約 120 坪)以上的面積,學區也是當地非常好的。但地產稅率差不多要 3% 以上,還沒算管理費。

想想就知道,政府開銷基本上是差不多的,教育、治安都需要地產稅這筆收入,那麼房價低必然稅率高,房價高必然稅率低,總體按照 10 年期來計算,都是差不多的,羊毛出在羊身上。

所以我認為,**如果你還需要工作賺錢,滿足基本需求即可,生活環境還是首要考慮教育、治安,當然工作通勤時間也是考慮要素之一。**

因為我現在透過股票投資賺取收入,所以不存在工作地點的限制,我只需要考慮孩子的教育和治安。

有了孩子就會考慮很多因素,生活選擇就會受限。這就是我建議 20 多歲的年輕人不要過早步入婚姻的理由。趁年輕還是要首先找到致富途徑,再考慮婚姻,比較符合人生幸福的順序,大多數人是搞反了,所以就不太可能財務自由。

40 歲的你:還債、打造被動收入

如果你年過 40,還在為生活奔波,沒有找到一個賺錢多

的行業，那麼危機感就會比較重。原因是40歲之後你的精力大不如前，熬夜加班、對新事物的理解學習能力都會大幅衰退。

所以這個年齡你如果想盡快實現財務自由，你的優勢是思考更加成熟，做事更加穩重，對風險的掌控能力更強，理論上來說，如果找到一個適合自己的投資賽道，可能比年輕人更容易實現。

但從另一個角度來說，控制風險的能力更強，意味著可能較缺乏冒險的勇氣。年輕人的資本是試錯機會，我這個年齡的人則試錯的代價更大。

不過我也是40歲之後實現提前退休的。每個人的經歷都不可複製，像是我此前就累積了很多人生經驗，有一定的財富基礎，有滿足自住需求的房子，也有投資的本金。

提前退休是需要基礎的。如果你還需要考慮自住房、結婚生子、應付老闆的各種要求、攢投資本金，那麼這個年齡會遭遇許多限制。

總之，無論年齡，最好是不要按照常識去理解生活，很多人走的道路不一定就是正確的。大多數人是安居然後樂業，到了一定年齡就有婚姻焦慮，女性30歲可能會有生育焦慮，大可不必。儘管有最佳生育年齡的限制，但是如果沒有自己滿意的另一半，提早生孩子也許也是一種枷鎖。

提早規劃財富之路，是每個人必修的功課。我認為可以

用倒推的方式。你認為財務自由或提前退休的標準是什麼？每個人提前退休的標準是不太一樣的。

如果你生活開銷每個月需要 1 萬元，只要你被動收入達 2 萬元，那你就自由了。

如果你生活開銷每個月需要 5 千元，只要你被動收入達 1 萬元，那你也自由了。不過這個被動收入必須是持續穩定的，你才能真正自由，否則只是暫時自由。

理論上你如果有足夠存款或投資本金，就可以實現自由。比如說你每月開銷 1 萬元，存款可以滿足未來 40 年的開支，也就是 480 萬元，那你就算是自由了。

在這個基礎上，錢越多越好。比如你每月開銷 1 萬元，存款有 1 千萬元，那就是絕對自由了。因為 1 千萬就算你不做任何投資，光是定存、買債券，每年也有最低 40 萬元的收入，完全可以滿足日常開銷。如果你再學會一些理財投資，比如買美股大盤 ETF，每年有 10% 的報酬率，你就超越了大部分人的生活。

給 40 歲、渴望財務自由的人的一些建議：
1. **優先清除債務，無債一身輕，中年人債務是拖累財富增長的一個很重要因素。**
2. **建立第二現金流，被動收入是實現財富增長的另外一個關鍵。**
3. **避開高風險理財陷阱，財富穩健增長才是長久的財富之**

道。高風險、高回報並不一定適合所有年齡層，對中年人而言，家庭的穩定必然伴隨著財富穩健，避開任何高風險的理財方式，是我們首先要考慮的。

怎麼賺到理想的財富、能夠讓你提前退休的財富，我認為美股和比特幣可能是未來 20 年能夠讓普通人實現財務自由的最佳方式。

你屬於哪個收入階級？

圖表 6-1 展示了美國的收入／階層分布狀況：

1. 貧窮階層（Poor）：年收入最高約 2 萬 3,006 美元，人口比率約 20%。

2. 勞動階級（Working Class）：年收入 2 萬 3,006 美元～6 萬 2,000 美元，人口比率約 40%。這部分人口的收入逐漸增加，但仍低於中位數。

3. 中產階級（Middle Class）：年收入 6 萬 2,000 美元～10 萬 850 美元，人口比率約 20%。這部分人口的收入位於中間範圍，代表美國的典型中產階級。

4. 上層階級（Upper Class）：年收入 10 萬 850 美元～30 萬 4,010 美元，人口比率約 19%。

5. 資產階級（Owning Class）：年收入 30 萬 4,010 美元～43 萬美元，人口比率約 1%。

你屬於哪個階層？按照統計資料一目了然。

圖表 6-1 2024 年美國個人收入分布

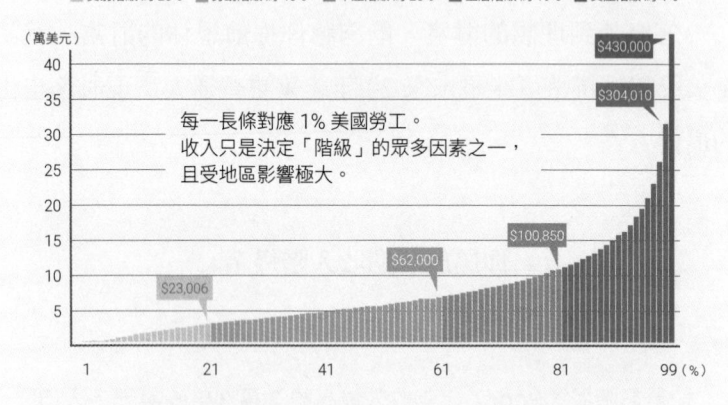

■ 貧窮階級 約 20%　■ 勞動階級 約 40%　■ 中產階級 約 20%　■ 上層階級 約 19%　■ 資產階級 約 1%

（萬美元）

每一長條對應 1% 美國勞工。
收入只是決定「階級」的眾多因素之一，
且受地區影響極大。

$430,000
$304,010
$100,850
$62,000
$23,006

資料來源：收入百分位數來自 dqydj.com，階級區間來自 resourcegeneration.org

現實情況是，當你的財富等級到了這個級別之後，你會發現身邊到處都是和你收入差不多或者遠超你的收入等級。這是因為你達到一定的財富等級時，你就會因為眼界提升而看到更多比你富有的人，從而會從對比的角度降低你的生活水準。

其實在美國很多人的收入都超過了這個統計圖裡最高收入水準。這個統計資料會讓我們誤以為自己的收入還不錯，是因為資料統計的是普通窮人這個階層的不同收入水準。很多真正用資產賺錢的人，其收入也許並未被統計，比如：比特幣收入獲得的資產累積，透過合理避稅手段逃避被納入統計

的群體,在不同國家有收入的富人群體,生活在美國但收入在其他國家的群體等等,以及有很多透過現金獲取收入的灰色產業收入。

-*Part* *4* -
建立高勝率策略
——走向財務自由！

選對趨勢產業＋做好資金分配＋善用定期定額策略，
美股及比特幣是讓普通人實現財務自由的最好方式！

引言

我透過美股實現了提前退休,所以我堅定地認為,美股和比特幣是可以讓普通人實現財務自由的最好方式。

這不是我憑空捏造,而是有資料支撐的理論。

以下是來自於JPMorgan私人銀行部門的一段話,「股市有意思之處在於:它無法被起訴、逮捕或驅逐;無法被恐嚇、威脅或霸凌;沒有性別、國別或宗教;無法被解僱、休假或抽資;沒有選舉;無法沒收、國有化或入侵。它反映收益增長前景、穩定性、流動性、通膨、稅收和可預測的法治環境。」

簡單解釋就是,美股的特點不管是短線投機,還是長期投資,都能找到合適的方法,還算公平開放,這種賺錢方式最舒服,不用求人找關係,靠認知、智商和自己的心態平衡掙錢。

你也許會說,這些話聽起來比較像是講給真正富有的人聽的建議——告訴他們堅持用自己的財富去創造和保有價值,不要把憑運氣或者靠繼承得到的財富「辛辛苦苦憑本事虧回去」。但是我們也知道,多數一般人並不愛聽這種話,他們喜歡聽建議,喜歡你告訴他們今天買什麼股票,明天哪檔會漲?哪檔會跌?……這些一夜暴富的所謂「投資建議」。

所以，知道為什麼這個世界會有極少數富人，以及大多數窮人了吧？因為窮人往往心態把握不好，總想一夜暴富的神話。

有人說，Mike你不也是一夜之間獲得了財富嗎？前文講了那麼多我的經歷，你還會這樣認為嗎？看似一夜之間獲得的財富，你需要有最初的本金吧？最初我用來投資的本金是幾十萬美元，這筆錢是我透過自己找到的賺錢產業，利用幾年時間賺來的。

而我投資股票以後，確切地說是買入股票以後就不再關注股票的波動，因為那時候我對股票一無所知，放在帳戶裡3年之後才知道漲了很多，這可能驗證了一個理論，就是財富總是在你忽略它的時候才會來到你身邊。我想應該很少人買完股票可以放在那裡一直保持幾年不動。

這些年我透過自己的操作也驗證了一個道理：操作越頻繁，獲利就越少。這就是我要闡述的實際操作經驗。

第 7 章
長期投資
穩中求勝的 4 大布局

我的YouTube會員頻道「Mike是麥克」及麥克美股App中，最多人問的問題就是，這個股票Mike認為價格可以買嗎？那個股票麥克覺得應該賣掉嗎？這個股票明天會漲嗎？那個股票什麼時候可以解套？

我實在是無法回答這樣的問題，因為這些都屬於投資建議，有責任風險。確切地說，你應該明白沒有人可以判斷個股以及大盤的漲跌，如果有人可以判斷明天的漲跌，那麼這個人已經是世界首富。

短線操作是零和遊戲 長線才是價值投資

任何資料分析任何股票的理論，都是一種機率遊戲。華爾街最厲害的交易員，通常也只有35%～50%的機率可以預測股價的漲跌，說的簡單點就是，任何分析都是一半的機率會中。

短線投資就是零和遊戲，你賺錢了就必然有人虧錢，你虧錢了就必然有人賺錢。美股並不是持續漲不停，永遠不會下跌，根據標普500（S&P 500）指數從1950年到2024年的收益統計，在這75年中，有16年報酬率是負數，下跌機率是21%，1953年下跌1.21%最少，跌幅最大的一次是2008年金融海嘯，跌了36.55%。

在過去的100年中，美股上漲機率為80%，下跌機率只有20%，所以下跌幅度越大、時間越久，越是累積財富的好

機會。

以上統計資料給了我們一個非常明確的答案,如果你是股票新手,希望從美股長期交易中獲利,且你沒有時間盯盤,那麼交易次數越多其實損失越大,不如沉下心來長期持有,享受美股的長期投資收益。

保持定期投資,逢低買入,不要讓你的情緒影響決策,也不要因為短期波動而影響你的情緒,標普 500 指數和那斯達克(Nasdaq)指數在未來 5～10 年、10～20 年也會是長期增長的走勢,這是由美國科技發展及經濟發展的動力決定的。

尤其是在美股下跌的時候,買進連動大盤指數的 ETF,越跌越買,在大盤跌的時候累積的股票數量,會在之後長達

> **財富辭典 | ETF**
>
> ETF 全名為 Exchange Traded Fund,中文名稱為指數股票型基金,是追蹤市場的特定指數,以該指數成分股為投資標的,透過持有一籃子股票,以達到分散投資風險的目的。
>
> ETF 種類多元,有以美股大盤指數如標普 500 指數為標的的 SPY、VOO,也有以那斯達克指數為標的的 QQQ。買進 QQQ,等於一網打盡那斯達克指數所涵蓋的微軟、輝達、谷歌、特斯拉等美國傑出科技龍頭股。

5～10年的大盤長期走勢中,獲得最高的收益。

從過去幾十年的美股走勢來看,下跌的時期尤其是熊市期間,是累積複利投資、累積財富的最佳時機。

站對風口 普通人也能翻身致富

投資新手應該買哪些股票呢?如果你認為個股趨勢不好把握,大盤型ETF是最佳投資的標的,還有美股科技股巨頭。

2025年2、3月,科技股出現大幅下跌,很多投資人因為川普的關稅政策、對經濟衰退的焦慮,導致恐慌情緒加劇,進而賣掉股票,甚至很多人割肉離場,這是非常不理智的行為。

過去跪著才能賺錢的傳統時代已經過去,人工智慧(artificial intelligence,簡稱AI)的時代風口讓普通人站著就把錢賺了。還是那句話,找對了行業,就是找對了風口,站在風口,豬都能飛起來,即便你很笨,如果抓住了時代的機遇,也可以實現普通人的階層跨越。

談到重大的技術方式轉變,只有被大眾普遍接受,技術的價值才會真正成為主流認知。從這個意義上說,ChatGPT發起的是一場AI易用性的運動,連鎖效應在短短2年時間就開始引發全球的科技競賽。在ChatGPT之後,DeepSeek後來居上奮勇直追,在2024～2025年初引發全世界科技領域的熱議。

1989 年，現代意義的網際網路（www）誕生，1993 年開始走向大眾，但直到 2005 年，美國才真正網路普及化；2007 年蘋果推出 iPhone 後，人們才真正體會到網路的種種潛力。

從網際網路誕生到 iPhone 發布的 15 年中，起先科技巨頭亞馬遜（Amazon）、谷歌（Google）和微軟（Microsoft）的總市值總計約 5 千億美元；如今，這 3 大網路巨頭的總市值達 10 兆美元。也就是說，自 iPhone 推出的 15 年裡，他們創造了 9.5 兆美元的經濟價值，是 iPhone 之前創造的總價值整整 19 倍。作為網際網路上第一個真正易於使用的技術，iPhone 為本已強大的網際網路革命注入了強勁動力。

而今天，歷史就在我們眼前重演。

在 ChatGPT 之前，複雜的人工智慧只是一個類科幻小說的概念，創投機構投入資金，矽谷工程師埋頭解鎖這個概念，但無法讓它進入家戶中。iPhone 有 Siri，亞馬遜也有 Alexa，但這些所謂的人工智慧系統，只不過是語音控制電視機、音響，最多可以看到家裡的門鈴和監控系統，而且還要家中其他智慧設備確保足夠靈敏和工作的狀態，才能實現一些簡單的家居控制功能，無法讓人驚歎，所以沒有掀起華爾街的狂熱。

因為 ChatGPT 之前的 AI 完全沒有易用性，簡單控制家裡的電視、音響，頂多就像智慧型手機普及前，那些早期笨

重的行動電話時代，而現在，就是人工智慧從技術突破走向全民普及的轉捩點，就像當年 iPhone 改變了手機一樣。

我們都知道網際網路革命規模很大，但 AI 人工智慧革命將會更龐大。網路革命使企業家成為億萬富翁，使投資人賺到成百上千萬上億美元，人工智慧革命則會讓投資人成為億萬富翁，AI 將把創造財富的潛力提升到一個全新水準，即便是我們普通人，如果你投入到這個時代的風口，隨便做點有關的事情，你就可以成為家族裡的第 1 個富人，不管能不能富過三代，起碼你可以做第 1 代，徹底改變家族後代的思維模式和生活水準，甚至是提升家族的生活階層。

曾經的工業革命為人類社會帶來了長達 30 年的黃金時期，推動了經濟、科技、文化的全面發展。**儘管我們未能親眼見證上一個黃金 30 年，但幸運的是，我們正身處下一個黃金 30 年的前夜。**數位革命讓人類得以將知識、經驗進行規模化複製，這將帶來市場和社會的全面轉型，也會徹底改變我們的生活。

我們處於 AI 時代的網際網路時刻，和數位化時代的 iPhone 時刻。

作為 80 後、90 後的我們，經歷了網際網路革命的時代，我們見證了數位化終端帶來的便利生活，無論是生活中的手機支付、手機辦理業務、掃碼點餐、掃碼看病、掃碼排隊、掃碼交友等等，在美國，我們甚至已經可以把駕照放進手機

裡，使用數位駕照了。

我在美國生活的第 8 年，從最開始對美國感應支付的不熟悉，到逐漸有了蘋果的信用卡，有了美國運通（American Express）的無限額消費授權，有了機場的 TSA 快速通關服務，我現在從出門買菜、開車、搭飛機，都基本實現了一支手機走遍美國，只要手機有電，我就可以滿足任何生活的需要。

我們現在正處於第 3 輪的網際網路革命時期，人類歷史第 4 次工業革命的前期。

簡單回顧一下，第 1 輪網際網路革命，有了電腦和軟體，到個人電腦（PC）的普及，再從厚重的筆記型電腦，進展到如今輕薄的 MacBook Air。

第 2 輪網際網路革命，PC 的發展促使個人資訊得以數位化轉換，每個人都可以透過電腦與網路參與社會，社交、工作、生活、居家娛樂……都可以在電腦和手機端實現。數位化時代，便利性和快捷性大大提高了我們的效率和生活節奏。

第 3 輪網際網路革命，就是在 PC 和智慧型手機都已經全面普及的時候，開始升級我們的工作和生活，企業的商業活動從線下轉移到線上，經歷 Covid-19 疫情之後，美國人有 46% 開始居家辦公，也是因為居家辦公的需求，這幾年美國的房價和租金經歷了暴漲，讓很多房地產從業人員實現了財富的累積。同時，人們對於家庭娛樂的數位化需求更加強烈，

所以你看到的是，任天堂遊戲機、Sony 的 PS 以及相關遊戲軟體、周邊配件產業，都出現了爆發式增長。

隨著人工智慧技術的進一步發展，我們面臨的 AI 浪潮會有更多新的內容改變我們的生活。那麼我們在這個時代的風口，具體從事哪個產業或者投資哪個產業，可以實現普通人的財務自由呢？簡單分析一下你就有了清晰的概念。

AI 複製網路財富軌跡 抓住 10 年大機會

在美國淘金時代，世界上很多探險家慕名來到加州，所有人都抱著一夜致富的美國夢。可是也有很多人倒在了淘金的道路上，連目的地都沒有見到；有的人來到了加州，到達了目的地，卻累死在金礦上，倒在了淘金的過程中，去另一個世界繼續做著淘金夢。

而真正富起來又沒有什麼風險的是哪些人呢？是在淘金的路上給淘金者提供吃飯、住宿、交通工具、生活補給的那些人，賣咖啡的、賣披薩的、賣漢堡的、提供住宿旅館的、提供娛樂消費的，賺了個盆滿缽滿。

所以，在當今的 AI 人工智慧的時代風口，你沒有技術，沒有雄厚的資金，也無法建立龐大的人工智慧產品線，你能做什麼呢？

你可以利用 AI 浪潮的技術，儘快學習和適應它們，就好像我們在 2000 年初期網際網路風潮剛剛開始的時候，學校

門口的網咖老闆、資訊廣場裡賣軟體的商家，做電腦組裝的品牌商、代理商，做電腦顯示器的公司，賣電腦網路線、鍵盤滑鼠和其他相關配件的店鋪，廣州資訊廣場裡那些賣水貨手機的業者，都在那個時代賺到了第1桶金。

如今也是一樣，我們無法複製一樣的產品，但是我們可以複製一樣的模式和方法。

既然人工智慧可以實現文字創作和更加細膩的影音創作，那麼我們可以緊跟科技的步伐，學習工具的使用，從事自媒體文字創作、影音製作，讓原本複雜的工作變得更加簡單。

你要知道，任何時候都有人站在不同角度去思考，有人只看到了自媒體的風口，卻忽略了內容創作本身的重要性。就好像幾年前手機 App 興起、掃碼支付盛行的使用，許多商家和企業雖然開始使用 QR Code，卻不了解如何製作、如何串接後端功能，更不知道怎麼把這個「連接點」轉化成業務流程，讓使用者下載使用自己的 App，進一步帶動營收成長，這些才是企業老闆需要理解和投入的地方。

在未來的 10 年、20 年，自動駕駛技術如果廣泛應用，大量的送貨員和司機將被取代，只有極少數有能力控制自動駕駛、相關維護的技術人員，以及為電動汽車配套服務等領域可以出現革命性成長，以解決自動駕駛時代機器無法解決的問題。

AI 革命被譽為人類歷史上第 4 次工業革命，由人工智慧帶動的美股多頭雖然暫時出現回檔，但這其實是成長過程中的必然修正，美股長期趨勢依然向上。**正是市場不確定的時期，投資人焦慮的時期，美股回檔修正的時期，才是我們大膽買入的機會。**

2025 年是九紫離火運的第 2 年，也是 AI 革命的第 3 年，預計 AI 人工智慧科技將展開 10 年的高速成長週期。如同上一次網際網路資訊技術革命一樣，人類從第 1 台蘋果手機問世開始，經歷了大概 15 年的時間，開始習慣智慧通信的生活方式，包括用智慧手機工作、用智慧手機購物，用智慧手機搜尋資訊等，AI 的革命比上一次資訊技術的革命更快，技術基礎也更強，所以成熟時間也會提前。

AI 人工智慧的 10 年預期成長期，就是我們投資 AI 板塊最佳的財富機會。川普的出口管制措施會為科技發展帶來挑戰，但是並不影響 AI 科技發展的長期軌跡。

輝達（Nvidia）、微軟（Microsoft）、谷歌（Google）、特斯拉（Tesla）、亞馬遜（Amazon）這些股票，雖然目前估值看似偏高，但在 AI 革命的早期階段，股價尚未完全反映出未來潛在的成長空間。

現在仍處在第 4 次工業革命的早期，無論是企業級的 AI 科技、消費端的 AI 應用、自動駕駛的突破，還是機器人在生活領域的應用，以及太空技術在國防、軍事、生活、商業等

圖表 7-1 那斯達克指數 1995～1999 年 vs 2023 年以來走勢

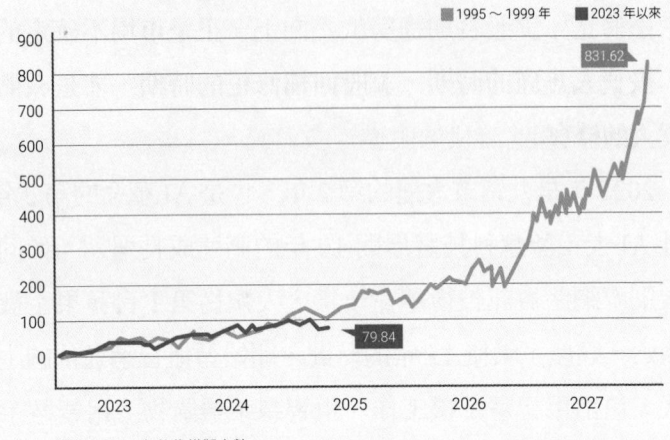

■ 1995～1999 年　■ 2023 年以來

831.62

79.84

說明：2025 年後為模擬走勢

圖表 7-2 標普 500 指數 1995～1999 年 vs 2023 年以來走勢

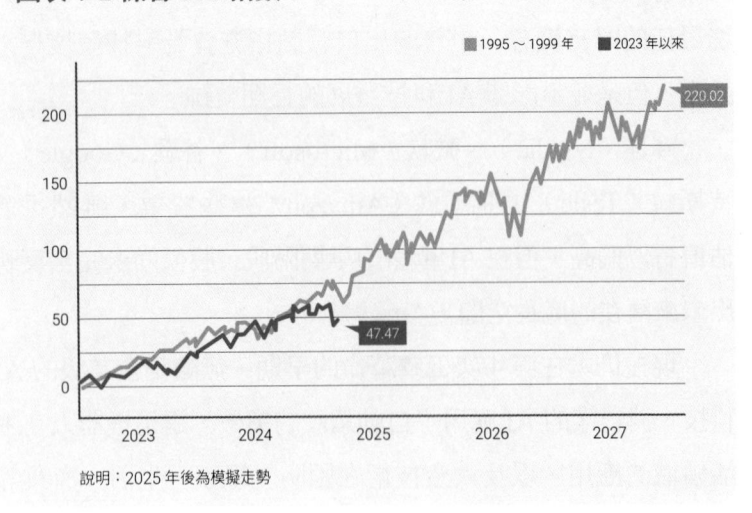

■ 1995～1999 年　■ 2023 年以來

220.02

47.47

說明：2025 年後為模擬走勢

領域的拓展，都還沒有展現出來，未來仍有很大發展空間，包括科技發展需要更多的能源支持，關鍵時刻一到，很可能瞬間引爆連鎖效應，帶動各領域快速轉型與成長。

我們對比那斯達克（圖表 7-1）和標普 500 指數（圖表 7-2）在網際網路時代的股價走勢（1995～1999 年），和現在人類第 4 次工業革命 AI 人工智慧時代的股價走勢（2023 年到 2025 年 6 月），軌跡幾乎吻合。

不過，歷史不一定能完全複製，這個對比也許存在某種關聯，也許是一個玄學的說法，我們就當是個娛樂遊戲參考。但即便是一個玄學的娛樂，如今大時代的力量不可忽視，對未來的發展前景仍然要抱著樂觀態度去投資，所以符合時代發展趨勢的 AI 科技股，現在是買入並耐心持有的最佳時機。

掌握時代節奏　勇敢跟上趨勢

透過以上分析我們知道了答案，順應時代背景，選擇符合趨勢的投資標的，才能盡快實現財務自由，提前退休。

如果你認可我說的美股和比特幣投資，而且普通人需要定期投資享受長期價值增長的獲利，那麼就開始第 1 步——了解時代背景並從中發現投資機會。

2025 年 3 月，美國商務部長盧特尼克接受了《All-in》Podcast 的採訪，他闡述了對於現有世界貿易格局一個全新的理解。

美國二戰後成為全世界貿易壁壘最低的國家，在各國復甦以後，美國並沒有試圖恢復貿易壁壘，所以造成了現在極為不公平的貿易現象。川普主張透過加徵關稅，來改變現狀。

具體來說，盧特尼克認為關稅有兩個作用，其一是保護美國企業，吸引製造業回流。當對進口產品加徵關稅，進口商品價格將會變貴，讓美國本土的同類產品價格上更具優勢，藉此防止美國的製造業外移，還能讓更多企業回美國生產。盧特尼克以台積電（TSMC）、蘋果（Apple）等企業對美國增加的重大投資來佐證，加徵關稅政策的確在起作用。這樣一來，美國不僅能增加更多的就業機會，還可以促進技術升級，進而改善經濟結構。

其二是可以給國家創造收入。盧特尼克認為，關稅收入可以作為彌補財政赤字的重要來源之一，達到穩定美國財政和債務的效果。

談到政府財政，他認為很簡單。首先美國政府先自己創造超過 1 兆美元的額外收入，接著透過提升行政效率與壓縮開支，再削減 1 兆美元，這 2 兆美元的財政赤字就解決了。要怎麼創造這 1 兆美元收入呢？盧特克的答案是，透過關稅、主權基金和移民政策相結合。

加關稅可以為國家創造收入，那主權基金和移民要怎麼創造收入呢？盧特尼克表示，美國政府可以透過主權基金投

資一些公司,這些公司有美國政府的背書、有美國政府的合約,經營風險會顯著降低,不僅能夠降低融資成本,還可以提升股價。大致上就是,透過投資這些公司,可以讓美國主權基金的價值不斷成長,進而創造收入。

而移民就更簡單了,川普搞了一張移民金卡,只要投資500萬美元,就可以拿到美國的綠卡。他認為全世界有大約3,700萬人,有能力支付這張金卡,可以吸引的人數有100萬,那就是5兆美元的收入。拿到金卡後,你可以不用成為公民,這樣能避免全球徵稅。

但是最令人意外的是,談到如果實現了美國政府的收支平衡,能不能取消年收入15萬美元以下的所得稅?盧特尼克透露川普的立場是贊成的,他認為,這種作法既是對納稅人實實在在的減稅,也是一種經濟政策上的激勵措施,能夠讓更多美國民眾更努力工作,帶動經濟增長。

2024年,美國3大指數全面爆漲,道瓊指數上漲12.88%、標普500指數上漲23.03%、那斯達克指數漲幅28.44%,成績斐然,可惜的是,很多人沒有投資美股,所以錯失了2024年的賺錢機會。

但也不必太糾結,2008年金融海嘯那麼好的歷史抄底機會,我們不是一樣沒抓住?別說你那個時候不懂美股,就算你都研究透徹了,沒錢買股票一樣會錯過。所以人的一生賺大錢也需要天時、地利、人和的機會,有人說Mike賺錢是

運氣,是的,我承認,**財運是不可或缺的理由,不過任何人賺錢都需要運氣,所以運氣也不是主要原因,而是必要原因,善於抓住時代賦予的機會更重要。**

看懂政策走向 就能抓住賺錢機會

簡單一句話概括美元和美債的關係,美國聯準會(Fed)作為美國的中央銀行,有權發行美元,而美債則是其主要資產支撐來源——政府透過發行美債籌措資金,聯準會則透過持有美債調節貨幣供給。聯準會發行美元和財政部發行美債是相互依存的關係,美債為發行美元提供法律支撐和擔保,美元購買美債為政府提供了融資管道,所以美債利率對於川普任期內的經濟政策非常重要。

在 2025 年開年,川普延續上一任的行事風格,用貿易戰開始他的第二任期,對所有進口產品徵收 10% 的全面關稅,包括加拿大和墨西哥這 2 個鄰居,並對從中國進口的產品徵收高額的關稅。他認為,在一個充滿不友好的世界裡,關稅是一種更有效的政策。關稅基本上是對進口商品和服務徵收的稅,這會增加進口企業的營運成本,歷史證明,企業會提高產品價格,並將成本轉嫁給客戶。

根據台灣行政院資料,2024 年美國進口總額為 5.3 兆美元,其中商品進口額為 3.2 兆美元,而美國從中國進口的商品約為 4,390 億美元,美國從中國進口的電子產品、電氣設

備、工業機械,超過了美國從中國進口的消費品。假如沒有妥善達成協議,美國對全球所有進口產品徵收 10% 的關稅,將產生約 5,300 億美元的收入。

川普的關稅政引發美國經濟將面臨衰退的疑慮,加上政府雇員遭大幅削減,政府開支降低,讓失業率進一步上升,經濟衰退的機率又增加了一個因素。川普的一系列政策目的就是讓美元貶值、減少美債利息支出,同時降低能源價格,減少財政赤字。

美國人民的財富 70% 都在股市,川普當選之後股市連創新高,市場自然會出現一段「蹲下再跳起」的技術性回調需求,所以 2025 年初美股走低,我認為並不是川普的政策導致的美股衰退、熊市開始,而是美股已經漲得太高了,如果繼續上漲的話,需要一個回檔作為緩衝,川普的政策只是導火線,而不是根本原因。

有人問了,以上資訊對我們普通人有什麼意義呢?如果你投資美國股票,就要關注川普的政策,從中找到機會。川普現在的目的很明確,利用關稅這個工具獲得和各國談判的籌碼,利用關稅打壓美元價格,打壓能源價格,打壓美債利率,然後股市再創新高,這是一個劇本。

美國政府背書的公司,就是我們要密切關注的公司,就是股票投資的目標。

說到經濟成長,美國財政部長貝森特打算透過監管和稅

改來進一步實現目標。在去監管方面，貝森特指出，長期以來金融和能源產業，都存在大量的監管束縛，政府必須重新審視和簡化那些束縛企業發展的老舊規定，比如取消補充槓桿率（SLR）等條款，這有望使美國公債殖利率下降，進而降低企業融資成本，增加市場競爭力。稅改方面，他主張徹底改革國稅局，從效率和服務入手，為民眾減賦。他也認為低稅率、簡單、穩定且可預期的稅收政策，有助於釋放市場活力，促進經濟增長。

美國政府放鬆監管的產業，就是我們需要關注的投資領域。放鬆金融業的監管，放鬆能源類產業的監管，我們知道股神巴菲特的波克夏不斷在加碼買入西方石油。**我們普通人資金少，操作靈活，想用更少的資金博取更多的利潤，就要盯緊政策信號，看大機構做什麼，我們就買什麼，跟著大佬買不會吃虧。**

以上是我舉的例子，因為順應時代的前提就是要知道白宮在做什麼，美國在做什麼，世界格局如何發展，我們普通人沒有專業的分析師幫助我們選股，但是我們資金靈活，易於操作，大機構的操作都是透明的，我們只需要結合起來判斷就好了。

美國在人類第 4 次工業革命的初期，大舉布局人工智慧領域的科技發展，這個就是史無前例的機會，普通人也許一生不會遇到幾次這樣的機會，如果上一次網際網路革命、資

訊革命你錯過了，那麼這次一定要抓住，也許此生不會再有這種機會讓你財務自由。

區分長短線帳戶　長期投資報酬更優

投資之所以要區別長短線操作，我的理由有兩個：一是長線投資享受美股長期價值增長的收益，二是短線操作關注經濟走勢抓住短期波動機會。

我最初的長線資金和短線資金分配是差不多的，幾乎各一半，經過 3 年左右的觀察之後，我發現長線帳戶的報酬率更高，獲利更穩定，而且耗費的精力和時間更少，所以我調整了長短線資金策略，把 80% 的資金分配在長線帳戶，只用 20% 的資金來操作短線，之後可能會增加長線帳戶的資金，短線帳戶的資金則不再增加。

這樣做的好處是可以降低在短線操作上耗費的精力，把時間用來關注大盤走勢和長期的經濟政策，以及美國經濟長期的發展趨勢。與其花更多時間在短線操作上，不如好好布局長線投資板塊，把重心放在長期的獲利。

我的美股定期定額投資是指在美國股市上，定期投資固定金額，通常是每月或者每季，以達到長期資產增值的目的。這個策略的核心理念是透過定期投入資金，平均分攤市場波動，長期來看可以減少選擇市場時機的風險，同時也有助於累積財富。

💲 定期定額的優點

1. **均攤成本**：定期投資可以讓你在不同水位分批買進，分散單筆進場的風險。例如你手上有 4 萬美元可以投資特斯拉，當股價每股 400 美元時，你先買入 10 股，花掉 4,000 美元；剩下的 3 萬 6,000 美元等跌價時再投入。

   當下週特斯拉股價跌到 280 美元時（特斯拉這種股票真的有可能），你用剩下的資金可以買入 128 股，這樣你總共持有 138 股，比一開始就在 400 美元時全數買進只拿到 100 股，還多了 38 股。以上是拆成兩筆投資來舉例，分散到每個月用固定金額投資，可以有效拉低長期持有成本。

2. **降低擇時風險**：不用試圖預測市場的頂部和底部，市場波動可以自動「平均化」。說白了就是你不需要考慮短期波動，不管是漲了還是跌了，你都留有資金持續買入，長期來看，避免了時間風險，因為沒有人可以判斷漲跌。

3. **複利效應**：定期定額下來，不僅能帶來資產增值，還能透過分紅、股息再投資等方式享受複利的增長。也就是說，你一直持有某一家公司的股票，有些股票的股息是很可觀的。

💲 定期定額的缺點

1. **短期回報不確定**：雖然美國股市長期來看有較好的增長

趨勢，但短期內市場波動較大，定期定額也可能在某一段時間面臨一定的虧損。還是以特斯拉股票舉例，你在股價 400 元時只買了 10 股，但是第 2 天漲到了 430 元，你可能會認為自己少賺了，從 2 天時間來看，確實是帳面損失，這就是短期回報不確定。

2. **忽略市場估值**：如果完全盲目定期定額，在估值過高的市場環境下，可能會影響投資的整體報酬。我在「Mike 是麥克──美股財富導航 App」關注的股票清單為什麼會提供估值的指導提醒，就是讓你知道這個股票短期的估值資料，現在適不適合入手。

3. **資金管理不靈活**：定期定額有一定的僵固性，如果市場出現劇烈波動，可能不容易及時調整投資策略。當然我個人不認為這是一定的，只是每個月固定投入的話，的確會有資金管理方面的疑惑，這個月你想定期定額標普 500 ETF，或者是那斯達克 ETF，但是現在明顯市場價格略高，你到底是買還是不買，是一個難以決策的問題，這就需要你對市場的掌控有一定經驗，否則你就需要為自己的短期操作買單。

💲 定期投資的注意事項

1. **堅持**：定期定額投資的關鍵就是長期堅持，短期波動可能會讓你有放棄的衝動，或者不敢買的想法，但是你要

堅持持續買入並且持有，這就是市場常說的「buy and hold」。

2. **檢討**：每個月堅持總結市場走勢，檢查自己的資金分配是否存在問題。比如說之前一直買大盤型 ETF，但是因為 2025 年 AI 和科技股的大趨勢，你也可以把定期定額的資金分配一部分到晶片或者雲計算這些股票上。

我自己的定期定額從理論上來說屬於「不斷調整的適應性定期定額策略」，說的具體一點，就是根據市場週期變化及時調整投資的金額和比例，比如說市場跌的時候加大買入金額，價格上漲的時候保持不變或者減少買入金額。這樣做的好處是可以在下跌時買入更多單位的股票或者比特幣，上漲時理性投入，長期來看這樣持有的資產價值更高。

退休資金配置策略 4 大板塊分散布局

我在 YouTube 頻道會員影片《如何配置 ETF》裡講了我個人配置的大盤型 ETF 很簡單，就買 3 檔就夠了——SPY、VOO、QQQ，這 3 檔 ETF 就是一個保守策略，可以保證你的資產有穩定的回報率，跑贏大盤、跑贏通膨。

大致上這 3 檔大盤型 ETF 占我長線退休帳戶裡總金額的 20%，之前是 30%，因為我現在定期定額買入比特幣，但是每個月收入基本上沒有太大變化，所以挪出 10% 來加重比特幣投資金額。

個股方面，比如說特斯拉，我是重押。2025 年重押的還有甲骨文（Oracle）、安謀（ARM）、Tempus（TEM）、Palantir（PLTR）、輝達（NVDA）、Rocket Lab（RKLB）這些，總體來說這些會占到長線資金帳戶的 20%，我在影片裡也多次提到過，AMD 這支股票潛力非常大，我認為估值偏低（我寫這本書時是 2 月，隨後 AMD 股價果然暴漲）。此外，2025 年美國穩定幣法案帶動的穩定幣相關股票，都給我們帶來了震驚的漲幅。

當然個股的分析我們不在本書中闡述，請大家關注我的 YouTube 頻道以及 Mike 的美股 App，參考相關的個股操作資訊。

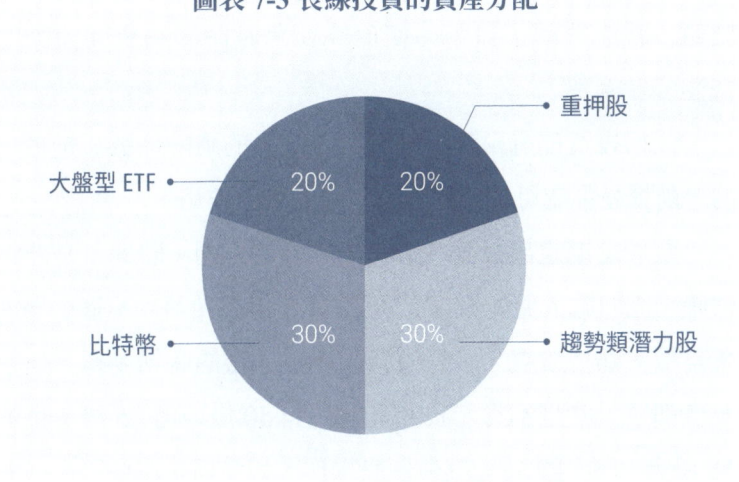

圖表 7-3 長線投資的資產分配

- 重押股 20%
- 趨勢類潛力股 30%
- 比特幣 30%
- 大盤型 ETF 20%

加密貨幣我持有的主要是比特幣，占了我長線資產比例的 30%，還有 30% 的長線資產我分配給了 AI 類股票、晶片股、量子計算、機器人、太空股、核電股這些板塊。

總結一下我定期定額投資的布局，大盤型 ETF 占 20%、重押股 20%、比特幣 30%，其他的趨勢類潛力股 30%。這就是我截至 2025 年上半年的長線退休帳戶分配，如實分享給各位，僅供參考，除了大盤型 ETF 保持不變，其他的每個類別都會根據市場的變化及時進行檢討調整。

之所以特別強調比特幣的加密貨幣布局，我認為在 2025 年這個變革期，要對貨幣有深入了解，明白貨幣的價值，理解貨幣的作用，隨著時代的發展，貨幣工具的存在形式也需要變化，從最初的貝殼，到白銀和黃金，再到後來黃金錨定的法定貨幣，都有其歷史原因。如果你理解了貨幣的作用和價值，就能理解了貨幣的價值需要跨越時間和空間流動的特性。

任何投資都有風險，投資貨幣本身的風險係數又是最小的，前提是你認可數位貨幣在當今的價值作用。

至於定期定額投資多久，根據股票不同，時間不是非常精確，比如說大盤型 ETF 已經堅持 4 年沒動了，不管市場跌還是漲，都持續買入，跌的時候多買，漲的時候少買，但是一直都買，就是不賣。我計畫堅持到 50 歲或者 55 歲，也就是 10 年以後再決定。其他個股操作，如特斯拉股價再漲高點

我可能會賣一部份，但是跌的時候再補回原來的部位，這樣短期波動的利潤差其實也不少，只不過要繳的稅也不少。

我還是要強調，你有持續的被動收入，有持續的資金買入，永遠保持現金足夠多，你就會在大跌的時候心態穩定。新手面對股市大跌會恐懼，很容易割肉離場，但時間久了，經歷 2 次大跌就會學會對市場敬畏，控制好自己的現金比例，在大跌的時候勇敢買入才有底氣。

符合時代的熱門趨勢股，根據市場週期特性而定，現在是 AI、機器人、太空、自動駕駛，這幾個我預期最少會有 10 年的週期發展到高峰，高峰以後還會有成長，尤其是太空、能源核電，這些都是以後科技發展的基礎。所以持有的過程也要不斷調整個股清單，但是大的板塊會一直堅持關注，我也會及時分享出來供各位參考，當然我的操作僅供參考，非投資建議。

最後分享德國證券教父安德烈・科斯托蘭尼（André Kostolany）的一段話：「在指數上漲過程中，即使是最差的投機者也能賺到一些錢；而在指數下跌過程中，挑到好股票的人也賺不到錢。因此投資最重要的是普遍的趨勢，其次才是選股。只有投資經歷至少 20 年之久的投資者，才用不著太關心整體發展趨勢。」

用選擇權打造下檔保護與額外收益

針對從 2025 年 2 月開始一直到 4 月的美股大跌趨勢，我是在 VIX 恐慌指數升到 40 以上開始建立部份，VIX 指數到達 45 以上開始加大部位。如果把預算資金拆解成 10 份買入的話，那麼 VIX 達到 45 以上每逢大盤型 ETF 跌 10%，就加碼 2 份資金。

在市場行情不樂觀的時候，我會持續進行 sell put（選擇權賣出賣權）策略，比如說特斯拉價格在 235 美元的時候，我會選擇執行價在 200 美元左右、週期為 1～2 週的 sell put，不要做太多手，以便控制風險。2025 年 4 月，我的資金配置預算是每次準備接手 100～200 股的股票，sell put 的標的除了特斯拉，還包括 QQQ、VOO、SPY，也有少量操作 MSTR，當時的執行價約在 230～240 美元之間，此外，我在定期定額投資帳戶中長期持有的 PLTR、OKLO、SOFI、CEG、ORCL、OXY、CRWV、HOOD 這些，我會針對看好的標的也進行 sell put，做好承接準備。

當我持有的大盤型 ETF 或個股部位達到一定規模（例如超過 1,000 股）時，就會開始做 sell call（賣出買權）。以特斯拉為例，若我在短線帳戶的平均成本是 274 美元，我會針對 290～320 美元區間的價位，布局 1～2 週後到期的 sell call。

這麼做的目的是 2 個：一是對沖股價下跌的帳面損失，二是讓手中的持股持續創造現金流，即使在市場走跌時，也能讓心態更穩定，不至於因為部位閒置而感到焦慮。

第 8 章
逢低買入
抄底好股票

曾經有人問我是採取哪種交易模式，如果你認同左側、右側交易模式的說法，我通常是左側交易，就是市場下跌時買入，而右側交易則是上漲趨勢時買入。其實我並不認同這種說法，因為下跌也許只是短期波段的情緒反應，伴隨而來的可能是持續上漲；同樣地，上漲趨勢中很可能馬上接著市場下跌，很多人買特斯拉套在 400 美元以上，就是自認為右側交易的操作所造成的結果。

　　我不懂波段理論這些技術派分析的噱頭。事實上，華爾街最頂尖的交易員判斷準確率也只有 35%～50%，說白了就是所有技術分析都只有 50% 的準確機率，機構專業交易員尚且如此，散戶更不用提，這也是我不迷信技術分析的主因。

　　另外，你也會看到很多股市評論節目就是浪費時間給你劃線，其實你會發現同樣的走勢，不同的人劃的線不一樣，但是他們都會給出各自的理由。我告訴你，你累積 1 年以上的交易經驗，也可以劃線，也可以講出 5 分鐘道理來。

　　結論是，劃線分析是毫無根據的猜測，不會比玄學更有說服力，左側、右側也是人們總結的交易說辭。不必迷信技術分析，交易時間長了，市場經驗會給你更準確的判斷。

發掘短線操作機會　掌握買入時機

　　短線操作的股票不宜過多，我曾經關注了大約 60 多檔短線操作的股票，這會造成過度消耗精力，讓你沒有時間及時

查看個股的資料和變化情況，進而錯失一些操作機會。甚至有時短線操作的股票沒有及時清倉，會造成資金被套的窘境。

在短線操作之前，要明白一個道理，短線交易是零和遊戲，因為在短短1天或是10天、半個月的時間內，公司的基本面（經營情況）沒有特別大的變化，所以你的短線操作如果賺錢了，必然有人虧錢，相反也是同樣的道理。

短線操作的原理，就是利用市場情緒變化以及機構資金的操縱機會，跟著吃一波福利，所以有很大機率會被套，進而不得不變成中長線操作。

舉個例子，我曾經在朋友的鼓動下，在20多美元價位買入一些Rivian（RIVN）的股票，這是一家做電動汽車的新興企業，但是半年時間股價就一路跌到一半左右，由於建倉時買的不多，所以我在低點時加碼幾次，把均價拉到了很低，又等了2個月，因為利多消息股價一下子又回到20多元，我出清了所有持股，小賺幾萬塊，前後也花費了1年多時間。從此我不再聽信任何人的建議和鼓動，因為我身邊的朋友幾乎沒有專業投資股票的，也沒有因為股票賺很多錢的，所以之後我操作短線也更加謹慎。

接下來分享我在短線操作方面的個人經驗和思路。

⑤ 從周轉率、成交量訊號找標的

周轉率（換手率）是指在一定的時間內市場中股票轉手

買賣的頻率,是反映股票流通性強弱的一個指標。其計算公式為:周轉率=(某一段時期內的成交量)÷(發行總股數)× 100%。

從字面上理解,「換手」我們可以理解為股票從一個人手裡到另一個人手裡,所以是一個買賣交換的動作,那麼周轉率就可以理解為交易的頻率,它反映了個股的活躍程度。

股票充分換手,平均周轉率達到 10% 以上,股價才能不斷上揚。比如說某檔股票經過很長時間的整理,股價長期維持在非常低檔,此時如果周轉率突然增加,說明有主力開始操縱這檔股票,最為明顯的訊號就是伴隨著成交量放大,周轉率增加。

但是股價在高檔時出現周轉率放大反而是危險信號。如果一檔股票股價持續在高檔,卻伴隨著周轉率增大,代表主力出貨跡象明顯,即便是有拉高的行情,也是為了拉高出貨,這種情況就不宜再追高。

至於成交量,往往會導致股價暴漲暴跌,因為有機構操縱或者大量散戶抬轎造成的,比如之前遊戲公司 GameStop(GME)暴漲就是散戶的行為。如果成交量上不來,寧可不做,如果成交量放大,可以冒險賭一下。看到成交量放大就買入,通常有 20% 獲利就跑,很多時候都是日內交易。但如果股價瞬間被拉高 50% 以上就不要再追高,這個時候風險非常大,很可能追在半山腰。

具體說到如何選擇標的，**我通常是利用看盤軟體找到單日成交量前 20 名的股票，從中一個個篩選，再挑選當前的熱門概念，再搭配個股的基本面情況。**如果是中概股，市值很小，成交量突然放大，短期突破的可能性極高。或者是當前熱門股，比如量子運算概念股，短期內整體族群異動，成交量普遍放大，短期炒作的機率極大。

實際操作上，2025 年 3 月 25 日，我交易 MicroAlgo（MLGO）這檔股票，當時在總市值只有 1.2 億美元的情況下，成交量瞬間達到 3.05 億美元，周轉率 3,113%，我果斷買入，當天漲幅 5 倍多，事實上這檔股票從 3 月 21 日就有周轉率異常現象，之後股價 4 天暴漲了 8 倍多。另一檔 Nukklus（NUKK），2024 年 12 月 16 日時股價才 1 塊多美元，17 日暴漲到 11 美元，18 日暴漲到 50 多美元，周轉率從 5.31% 暴漲到 7,599%。

危機入市抄底撿便宜

還有一個短線操作技巧就是從市場暴跌中尋找機會。2024 年 8 月 5 日，市場因擔心日本央行升息而極度恐慌，當時日經指數甚至發生了熔斷（指市場因過度波動而觸發暫停交易機制），很多人在那天把手中海外基金等部位都賣了，美股帳戶夜盤都有人提前割肉離場。

這種市場情緒導致的暴跌沒有基本面的明顯危機，也沒

有世界範圍的黑天鵝事件發生，所以是抄底的絕佳機會，我當天公開分享了我不斷加碼輝達（NVDA）和特斯拉（TSLA），尤其是輝達從 7 月的高點 130 美元附近一路跌到了 100 美元以下，我投入了幾乎所有短線資金，不久之後輝達一路反彈到 130 美元以上，短短 1 週時間我的獲利達 25% 以上。

這次操作也是一次經典的利用市場情緒在短線操作中賺錢的機會。總結 2024 年，我的短線帳戶獲利 46.54%。

圖表 8-1 短線帳戶 2024 年獲利 46%

8,568.68
62 (46.54%) Year to date

美股牛市只到半山腰 短期熊市不足懼

過去 2 年，我的長線帳戶和短線帳戶的資金分配大概是各 50%，但是考慮到長線帳戶的獲利會更穩定，不用耗費每天的精力和時間看盤，短線操作對於盯盤時間以及市場訊息的及時閱讀要求很高，所以我在 2024 年底決定定期定額投資比特幣之後，就把大部份短線帳戶的資金轉移到了長線帳戶，而且在 2025 年初市場情緒不佳的情況下，加碼了長線帳戶的買入。**截至 2025 年 4 月，我的短線帳戶和長線帳戶的資金分配比例變成 20%：80%，比特幣定期定額的資金歸屬於長線帳戶。**

2025 年初，大盤整體回檔，很多個股特別是小公司，跌得慘不忍睹，2024 年一度暴漲的量子運算概念股集體腰斬，無人機和機器人概念股也是萎靡不振。很多人整日憂心忡忡，甚至停損出場，擔心美股市場真的不行了嗎？

美股市場從來沒有不行，AI 發展引爆人類歷史第 4 次工業革命是真實的，你要知道，美股從來不會只漲不跌，高速上漲了 2 年，加上川普競選成功後美股持續上漲，大盤有回檔緩衝的需求，而不是因為川普幾句話就直接進入熊市了。關稅政策根據上個任期的走勢來看，劇本模式大致類似，利用關稅工具進行談判，為美國爭取更多利益，聯準會在經濟環境的壓力下降息，減少美國債務的利息支出，然後美股繼續爬升，牛市行情繼續。

在這個過程中,我們可以找到真正有投資價值的公司,符合時代背景的產業不需要過於擔心,持續買入,長期持有不會有問題。

圖表 8-2 美股歷史上的 12 次牛市

次數	時間	說明
1	1950～1956 年	二戰後的經濟繁榮,持續 6 年,漲幅 267%。
2	1957～1961 年	美國消費經濟發展帶來的榮景,持續 4 年,漲幅 86%。
3	1962～1966 年	低利率促進,持續 4 年,漲幅 80%。
4	1966～1968 年	政府增加支出,持續 2 年漲幅 48%。
5	1970～1973 年	經濟復甦,持續 3 年,漲幅 73%。
6	1974～1980 年	聯準會貨幣政策調整,6 年牛市,漲幅 126%。
7	1982～1987 年	雷根總統的經濟政策降低稅收和監管,推動企業獲利和市場繁榮,持續 5 年,增長 229%。
8	1987～1990 年	持續 3 年,漲幅 65%。
9	1990～2000 年	科技股的飆升推動,持續 10 年牛市,漲幅 417%。
10	2002～2007 年	房地產泡沫破滅前房地產所推動的行情,持續 5 年,漲幅 101%。
11	2009～2020 年	金融危機後的牛市持續了 11 年,漲幅 400%。受惠於聯準會的貨幣政策、技術進步和企業持續增長,是歷史上最長的牛市。
12	2020～2021 年	Covid-19 疫情之後的短期牛市。

資料來源:Mike 整理

一般來說5年左右的牛市之後，才會迎來真正的大幅度回檔。我們再回顧一下美股歷史上從上世紀1950年開始到2024年以來，歷經12次牛市的規律，看接下來如何判斷2025年的走勢（見圖表8-2）。

前4次牛市相隔很近，中間的熊市時間很短。漲幅最大的是第9次，從1990年至2000年，我們80後很多人都經歷的網際網路泡沫時期，之後在科技股飆升推動下，持續10年牛市，漲幅高達417%。2009～2020年，金融海嘯後的牛市也持續了11年，漲幅400%，這一次受惠於聯準會的貨幣寬鬆政策、技術進步和企業獲利持續增長，是歷史上最長的牛市。

最近一次2020～2021年，也就是Covid-19疫情之後的牛市，屬於短期牛市，相信身邊很多人都經歷了這個牛市並受益，因為我就是受益者之一。尤其是特斯拉，真的是讓很多人都實現了提前退休。我也是從此以後定期定額投資特斯拉股票，策略很簡單，逢低買入，每次大跌都買一部分然後忘掉這件事。這就是價值投資的操作方法。

現在我們正在經歷的美股牛市，是從2022年10月開始，當時標普500指數從低點上漲超過20%，意味著熊市結束，牛市開始。

從美股歷史來看，美股牛市的平均時間是3.8年或者45個月，如果排除短期熊市在牛市中間的影響，我們可以認為

美股牛市最長期就是1982年到2000年這個時期，是歷史上最長的牛市，持續了18年之久。從1950年到2024年，美股牛市平均時間大約5～6年，具體統計資料是6.6年，這個判斷依據就是大盤從市場低點上漲最少20%計算，並且回檔不超過20%為回檔依據。

按照平均時間計算，根據美股的歷史規律，這一次牛市才走了2年時間，還有最少3～4年的牛市時間。上一次熊市是2022年，跌了快1年，非常慘烈，目前還處於牛市盤整之中不用太擔心，科技巨頭的賺錢能力依然很強。

即便2025年會進入短期熊市環境，也是市場調整的需求，並非經濟環境出現大問題的金融危機。機器人的進展及自動駕駛技術的進步，尤其是特斯拉放開在中國的測試，很多中國網友的極限測試影片，讓整體中文平台對特斯拉自動駕駛的輿論風向發生了根本轉變，這些都預示著科技的代表性方向的公司依然有著超強的競爭力，特斯拉代表無人駕駛和AI應用，台積電、輝達代表各個巨頭還在開展算力競賽，AI應用的持續性還在延續。

只要瞄準投資賽道，投資符合時代趨勢的科技產業，不要用槓桿操作股票，就無需擔心美國國運。國運加持和科技發展的前景，會讓美股市場在未來的科技競爭中持續為投資人帶來豐厚的回報，也是普通人實現財務自由最佳的投資管道。

我堅信價值投資的效應會好於短期交易。

2025年4月6日，我在麥克的美股App裡寫下這樣一段話：

> 明天開盤會怎麼走？沒人可以預測！
> 變化是股市不變的主題，
> 允許一切發生！

從我開會員頻道以來，就不斷提醒大家：

「風險意識」→ 永遠敬畏市場

「現金為王」→ 留50%現金

「閒錢投資」→ 不要影響生活的資金

「不用槓桿」→ 只要不用融資，只是時間問題

牛市很難暴富，熊市才是機會，希望大家能夠安然度過市場的每一次暴跌。

明天如何操作？

- 資金分批買進，做 sell put 接股相對穩妥。
- 倉位大的股票同時做 sell call 賺權利金。
- 如果不會做期權就逢低買入，恐慌指數VIX達到45了，如果沒有建倉的可以無腦開始建倉，如果建倉的可以持續按照預定跌幅買入加碼。
- 如果資金不夠的被套的可以躺平等待不要停損，做時間的朋友。

以上定律是我自己操作美股堅持的原則,也是任何時候提醒自己的操作理念,做時間的朋友才能收穫財富的恩賜。

後記

時代浪潮中 做自己的掌舵人

我希望想進入投資市場的朋友明白一個道理,投資需要根據個人情況具體分析,不能盲目抄作業。

每個人的情況是不同的,以我自己為例,剛來美國時,由於對股票一竅不通,買入特斯拉股票完全是以大盤理財的概念買的,只是因為相信美國國運和科技發展,所以當時不敢、也不會有任何操作,買入就3年沒動,後來回顧,這也是收益最大的操作方式。

後來,小兒子出生,家庭成員增加了,又經歷了新冠肺炎疫情,很多人的工作方式和生活思維改變了,我自己的公司也遭遇變故,參與經營的時間逐漸減少。在美國生活多年後,隨著年齡增長,我的財務規劃有更清晰的目標和投資顧慮,因此越來越保守。

我個人覺得,若從20多歲開始投資,有穩定收入,可以採取積極的方式,因為未婚的情況有較強的風險承受能力。

已婚的話,伴侶雙方對家庭投資理念必須吻合,對投資要有共識才能有效規劃財務。沒有孩子的時候,是比較容易快速獲得回報的時期。

等有了孩子、步入 40 歲之後，大多數人的財務管理就會偏保守。而且大多數人在 40 歲之後的財運也基本定型了，想獲取較大幅度的財富增長，障礙和投資顧慮會比較多。

所以，投資方式要積極或保守，需要根據個人情況慎重考慮，還包括對投資是否有天分、能不能看得懂經濟資料分析、有沒有時間盯盤、年化報酬率需要達到什麼目標、被動收入有多少，都需要仔細衡量。

其實，有 80% 的人永遠不會去做這件事，即便他們知道美股和比特幣是增值很快的投資產品，他們也不會去研究如何開戶、買賣，更不會去學習如何投資。他們的第一反應是：這些太複雜，我做不了，然後就只吸收他會感到舒適的訊息，比如說，有人做股票跳樓了、有人做比特幣虧了幾百萬元，以這些訊息來強化他自己「做不到投資」的判斷，從而更加驗證自己「就是做不到」的正確性。

可惜的是，大多數人就是因為這樣的邏輯謬誤而錯失了投資機會，浪費了財富增值的時間。把錢存進銀行，由於通膨貶值，財富縮水幅度比賺錢還大，這也是大多數人活得很累的原因。你賺錢的速度跟不上貨幣貶值的速度，你就要更辛苦地賺錢，落入了越辛苦越賺不到錢的循環。

用錢去生錢，找到一個跑贏通膨的財富累積方式，你就已經贏過了 80% 的人。你馬上去做，現在開始投資，就又超越了明明知道方法卻又沒有去做的人。

財富的累積都來自正確的選擇。

有史以來，人類世界資源是短缺的，因為人的慾望無限，表面所看到的資源爭奪都是慾望的表達，部落與部落、國與國、政權組織、人與人之間，都是如此，歷史上每一次戰爭都因資源掠奪。找關係上好學校、找機會升遷、找好工作，都屬資源掠奪，只不過用文明與和平的方式掠奪，那叫做競爭。

美國通過穩定幣法案，傳統銀行發行穩定幣，美國設立數位貨幣儲備，傳統公司儲備數位資產，本質上也是資源掠奪，目的是在新一輪人類變革時期搶占鏈上霸權。

我們普通人隨著財富的積累而擁有選擇的權利，移民、住居、教育，說白了就是選擇權。我們賺取財富最根本的目的不是能做什麼，而是不想做什麼就可以不做什麼。你可以不讓孩子接受普遍的公立教育、可以不想在小城市生活就搬去大城市、可以不在出生國居住就移民到想去的國家、可以不打卡上班做喜歡的事、你可以遠離鄰里噪音住進獨棟別墅，這些，都是財富賦予我們的選擇權。

你擁有的資源越多，獲取財富的可能性就越大，機會也就越多，這就是越有錢越容易賺錢的原因。隨著人類社會變革，財富差距越來越大，認知差距則使得有錢人在社會財富分配的過程中獲得更多財富，而沒錢的人在過程中被淘汰，越來越窮。這就是馬太效應──富者更富，窮者更窮。

根據貨幣購買力計算，全世界最貧窮的 50% 人口收入只占全世界的 8.5%，全世界最富有的 10% 群體占全球收入的 52%、全球財富的 76%。

皮凱提在《二十一世紀資本論》這本書說到，兩極分化的根本原因，是資本報酬率大於整體經濟成長率。財富會流向聚集的資本，而非流向辛勤工作所獲取的報酬。這個理論在生活中也是共識。很多人明白投資中「本多終勝」的道理，就是最直接的結論。面對一檔好股票，市場恐慌下跌時，誰有錢繼續加碼、拉低持有成本，誰就能在市場反彈中獲得更大報酬。

你既然讀到了這本書，知道了投資的重要性，那麼從現在開始，立即去做。

很多新手朋友會糾結何時是入市的好時機。其實，與其等待最佳時機，不如先開始認識市場，慢慢養成投資習慣。不管行情如何，持續學習和長期參與才是關鍵。哪怕是先開個帳戶、試著做點小額交易，都是邁向長期財富管理的第一步。

每個人都是歷史的一粒沙，
時代的一粒灰塵落在個人頭上就是一輩子，
如何把握短暫的一生，
是我們一生都在追求的答案。

附錄：善用 App 提升你的投資效率

　　根據 2024 年資料顯示，這個世界目前擁有 81 億人口，有機會接觸並買入美股的人，不到 0.01%，2025 年美股總市值將突破 70 兆美元，我一直強調，賺錢賺的就是「認知差」，能夠賺到錢的人，大致上認知都超過周圍沒有賺到錢的人。

　　我和台灣的 CMmoney 團隊合作開發了「Mike 是麥克 - 美股財富導航 App」，這個 App 的主要目的是完成我個人的一個想法，把我投資美股實現提前退休的經歷，以及每天的操作心得分享給大家。

　　透過 App 的分享，10 年以後我再回頭看看這段歷程，如果可以帶動更多人一起成長、讓更多人提前退休的話，這會是讓我值得自豪的一段人生故事。不管你是美股新手，還是有一定投資經驗、想提升自己的選股效率，希望這個 App 都能帶給你幫助。

「Mike 是麥克 - 美股財富導航 App」》

請掃描 QR Code，立即下載。

新手投資人：先跟著走累積判斷力

如果你剛接觸美股，還不太會自己選股，建議先從觀察與學習開始。

ⓢ 1. 看「麥克精選」策略

在 App 的「麥克精選」中，列出的是我持續關注、並放在觀察清單的股票。你可以點進去看每檔股票的市盈率（即

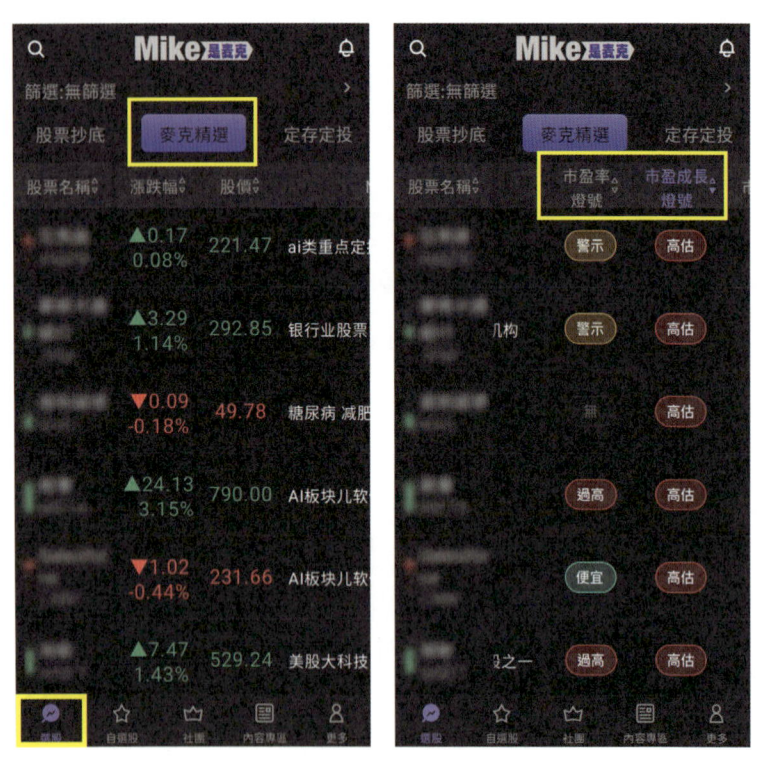

▲「麥克精選」是列在觀察清單的股票

本益比)燈號(判斷貴或便宜)與市盈成長燈號(判斷成長性高低)。當你看到「便宜」或「合理」的燈號,代表這家公司目前股價可能低於合理價,值得留意。

- **市盈率燈號(判斷貴或便宜)**:用來快速看出一家公司股價相對於獲利的高低,幫你判斷是便宜、合理還是過熱。

燈號顏色 / 區間	狀態說明	判讀建議
區間 0	無燈號	資料不足或不適用
區間 1	便宜	股價相對低,適合留意或分批買進
區間 2	合理	股價與公司獲利接近合理水位,可觀望或等待時機
區間 3	警示	股價偏高,需謹慎進場
區間 4	過高	股價明顯高估,除非有特殊理由,不建議追高

- **市盈成長燈號(PEG 指標)**:綜合股價評價與成長性,幫助你判斷一家公司是否物有所值,即本益成長比。

區間	狀態說明	判讀建議
區間 0	無	資料不足或成長性無法評估
區間 1	低估	價格低且具成長性,值得優先關注
區間 2	持平	價格與成長性相符,可觀望或小量布局
區間 3	高估	價格高於成長性,需謹慎進場

💲 2. 線上即時互動

在「社團專區」、「內容專區」與「聊天室」等功能中，可以線上互動：

- **社團專區**：VIP 用戶可以看到我不定期更新的操作想法、策略調整，以及一些對行情的觀察。這裡的內容是即時的，方便你第一時間掌握我的看法。

▲ 透過 App 可以和 Mike 及網友互動

- **內容專區**：每個月我都會準備至少 1 篇文章和 1 支影片，分享我對市場的判斷、產業觀察，或是投資觀念的拆解。這些內容不只是教方法，更重要的是讓你學到背後的思考邏輯。
- **聊天室功能**：不只是單向的提問，還能看到其他用戶的提問與我的回覆，幫助你從不同角度理解市場。要提醒的是，聊天室的內容屬於經驗分享與教育用途，不是報名牌或投資指令，仍需自行判斷。
- **新手重點**：不要急著照做，先理解我為什麼這樣判斷，長期下來，你會逐漸建立自己的分析框架。

進階投資人：用策略提升效率

如果你已經有一定的投資經驗，想要快速找到符合條件的股票，可以直接從策略功能下手。

1. 使用「股票抄底」策略

這個功能專門找出長期看好、短期下跌的股票，幫你抓住低價布局的時機。觀察重點有下列 3 項，當這 3 項條件同時符合時，往往是短線抄底的好機會。
- **市盈率燈號**：顯示便宜或合理時，表示價格不貴。
- **市盈成長燈號**：顯示低估或持平時，成長性不錯。
- **跌幅程度（RSI）**：數值越高，代表短期跌越深。

其中，跌幅程度是用 RSI 指標來衡量判短期股價跌幅的深淺，數值越高，代表近期跌得越深，反彈機會相對高。

區間	狀態說明	判讀建議
區間 0	偏多	上漲力道較強，短期並非抄底區
區間 1	小幅回落	觀望或少量試單
區間 2	明顯回落	可關注，視整體條件決定是否進場
區間 3	超賣	短線下跌明顯，若基本面良好，可視為抄底機會

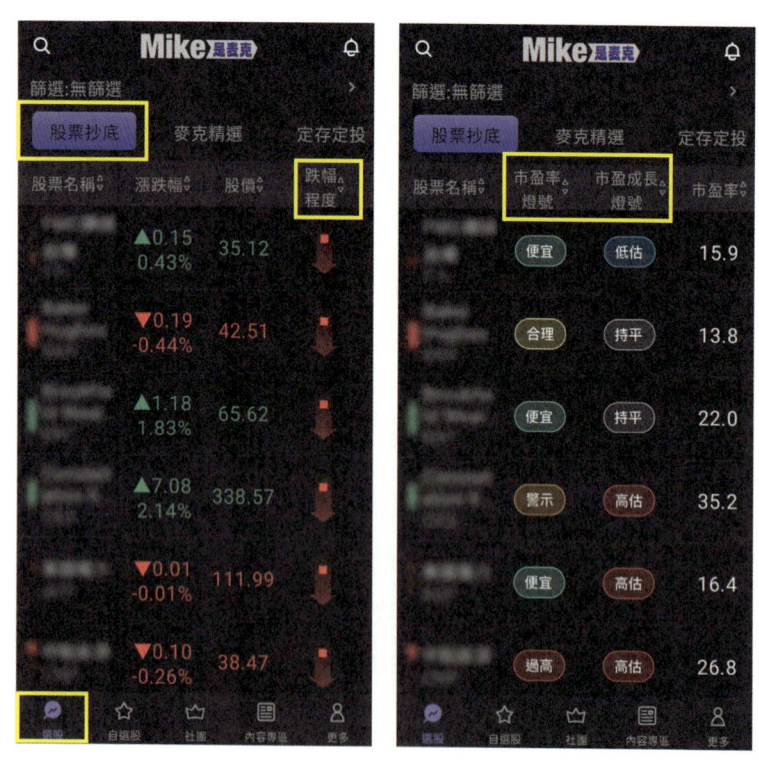

▲ 有一定經驗的投資人，可以直接從策略功能下手。

2. 使用「定存定投」策略

　　適合挑選長期持有、領股息的定期定額標的，建立被動收入來源，觀察重點包括：

- **市盈率燈號**：顯示便宜或合理。
- **預估現金殖利率**：數值越高，分紅越多；但要注意，高殖利率有時可能是股價下跌造成的，需綜合評估。

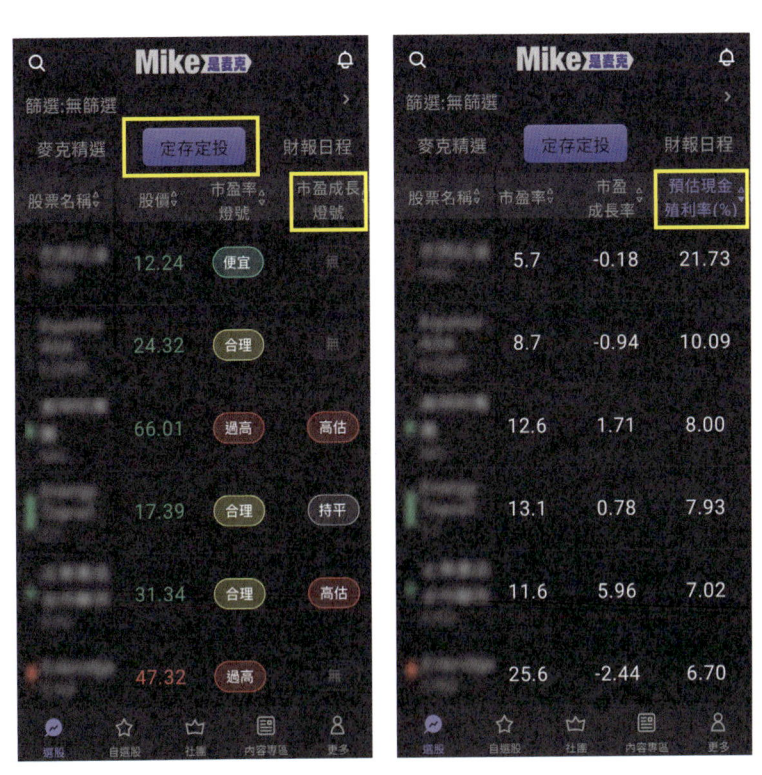

▲ 想建立被動收入來源，可關注「定存定投」標的。

💲 3. 查看「財報日程」

透過「財報日程」功能，可提前掌握即將公布財報的公司名單與日期。財報可能帶來股價波動，提前知道可以避免在不合適的時間進場，或是為布局做好準備。此外，看到感興趣的股票，可以直接在個股頁面右上角點擊星號加入自選，這樣就能在首頁快速追蹤它的價格變化與最新資訊。

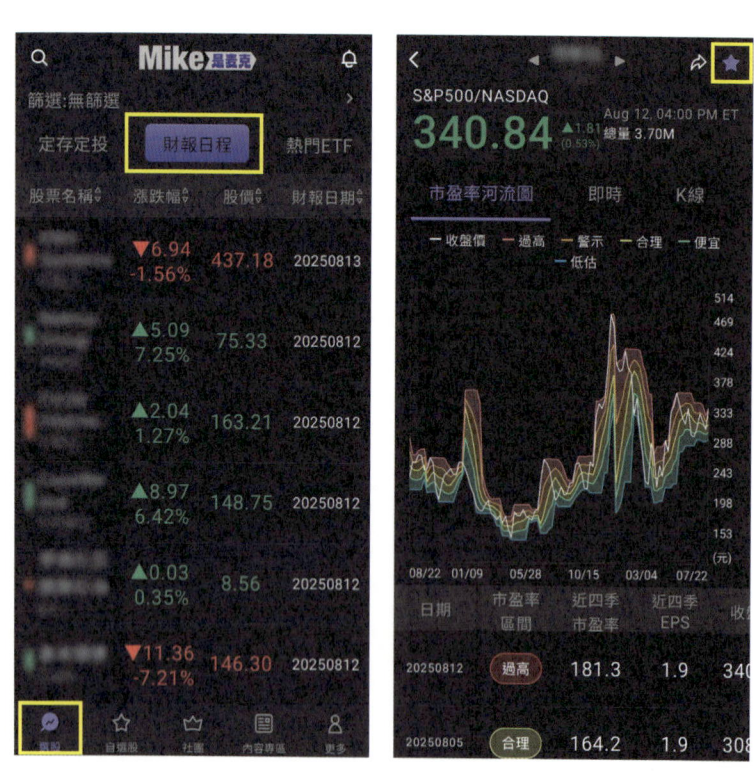

▲ 透過財報日程、加入自選股名單，掌握個股最新動態。

如何綜合判斷？

- **抄底策略：**優先挑選市盈率燈號便宜或合理、市盈成長燈號低估或持平,且跌幅程度為明顯回落或超賣的股票。
- **定存定投策略：**優先挑選市盈率燈號 1 或 2,再看預估殖利率是否達到你的目標。
- **觀察名單:**不論是高估還是超賣,都可以先放入自選股追蹤,等待條件出現。

最後提醒,App 提供的是篩選工具和分析視角,不是報明牌。你可以跟著觀察,但一定要結合自己的投資目標、風險承受度與資金規劃,再決定是否進場。

破局致富
從認知覺醒到財務自由，看懂資本遊戲規則，做出改變選擇

作　　者：Mike

總 編 輯：張國蓮
副總編輯：李文瑜
資深編輯：袁于善、林倚安
責任編輯：李盈節、李文瑜
美術設計：王彥蘋
封面攝影：黃聖育

董 事 長：李岳能
發　　行：金尉股份有限公司
地　　址：新北市板橋區文化路一段268號20樓之2
傳　　真：02-2258-5366
讀者信箱：moneyservice@cmoney.com.tw
網　　址：money.cmoney.tw
客服Line@：@m22585366

製版印刷：緯峰印刷股份有限公司
總 經 銷：聯合發行股份有限公司

初版1刷：2025年9月

定價：450元
版權所有 翻印必究
Printed in Taiwan

國家圖書館出版品預行編目（CIP）資料

破局致富：從認知覺醒到財務自由,看懂資本遊戲規則,做出改變選擇/Mike是麥克作.
-- 初版. -- 新北市：金尉股份有限公司, 2025.09
　面；　公分
ISBN 978-626-7549-34-6(平裝)

1.CST:股票投資 2.CST: 投資分析 3.CST: 美國

563.53　　　　　　　　　　　　　　　　　114011734